AF294526

Ball- und Spielkontrolle trainieren

Liebe Übungsleiter/innen, liebe Trainer/innen und liebe Lehrer/innen,

je nach Alter und/oder Niveau der Übenden, lassen es viele Übungen zu, mit begrenzten Ballkontakten zu spielen. So wird auch das Teamgefüge trainiert und verhindert, dass Spielsysteme auf einen oder wenige Spieler ausgerichtet wird.

Bei Übungen im Dribbling sollte eine enge und sichere Ballführung vor Tempo stehen. Sauberes Abschirmen des Balles, mit dem ballführenden Fuß und/oder Körper ist zu beachten.

Beginnen Sie vor allem neue Übungen langsam und mit einem sauberen Ablauf, das trainiert die Ballsicherheit. Ein zu hohes Tempo versaut schnell die Technik.

Mit den Übungseinheiten in diesem Buch begrenze ich mich bewusst auf Grundlagen des Fußballtrainings und möchte nicht mit einer großen Anzahl an Übungen die Auswahl erschweren. Die Steigerung erfolgt automatisch.

Niveaustufen

Verein bis Schulsport, Anfänger bis Amateure, Klein bis Groß. Die Übungen können und sollten bei Bedarf variiert, angepasst und kombiniert werden.

Torhüter/innen

In diesem Übungsbuch führe ich bewusst kein Torhütertraining auf, da

1. das Torhütertraining ein spezielles Training ist,
2. vor allem im Schulsport möglichst ohne Torhüter gespielt werden sollte oder wird,
3. Torhüter durch das Training mit den Feldspielern das Spielen mit dem Fuß trainieren und immer mehr die Aufgabe des früheren Libero übernehmen und Spielzüge einleiten.

Symbole

	Spieler mit Ball
	Spieler ohne Ball / Mitspieler
	Hütchen / Pylon
	Ballwagen / Ballkorb
	Hürde / Hindernisstange / Querstange (Alternative: Bierbänke)
	Ballweg
	Laufweg
	Dribbling, Spieler führt den Ball

Bei den Spielern werden selbstverständlich m, w, d Spielerinnen und Spieler dargestellt.

Ich wünsche allen Trainer/innen, Übungsleiter/innen und Sportlehrer/innen, und vor allem den Übenden viel Spaß und Erfolg!

Inhaltsverzeichnis

⚽ Ballannahme – Stoppen   ab Seite 4

⚽ Dribbling – Ball führen   ab Seite 9

⚽ Zuspiel – Pass   ab Seite 17

⚽ Torabschluss   ab Seite 31

⚽ Zweikampf trainieren   ab Seite 49

⚽ Koordination und Ballsicherheit   ab Seite 67

Wann immer es eine Übung zulässt, unbedingt mit dem linken und rechten Fuß, dem Innenrist und Außenrist üben!

Partnertraining mit Zuwurf des Balles: Anfänger werfen den Ball beidhändig von unten. So wird die Berechnung der Flugkurve leichter und die Übung kann präziser durchgeführt werden. Fortgeschrittene üben mit dem Einwurf auf kurze und längere Distanzen.

Bei Übungen mit Slalom, sollten die Hütchen in angemessenem Abstand (Niveau) gestellt werden. Enge Abstände trainieren die Ballführung und -Kontrolle, weite Abstände trainieren die Übung mit hohem Tempo.

Ballannahme – Stoppen

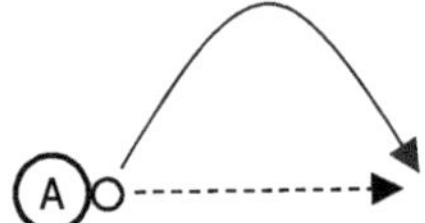

- ⚽ Spieler wirft den Ball in höherem Bogen ca. 1-2m in die Laufrichtung,
- ⚽ erläuft den Ball und
- ⚽ stoppt diesen mit dem Fuß.

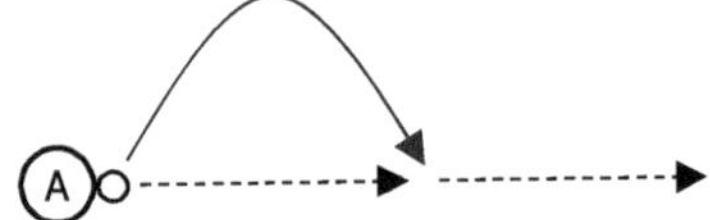

Steigerung: Ball stoppen und weiterführen.

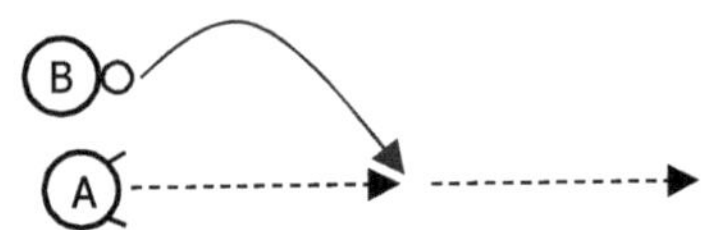

- ⚽ Spieler B wirft einen halbhohen Ball in den Lauf von Spieler A.
- ⚽ Spieler A erläuft den Ball und
- ⚽ nimmt diesen mit ins Dribbling.

Beachte: Zuwurf des Balles von beiden Seiten des annehmenden Spielers (A) trainieren.

⚽ Spieler wirft sich den Ball ungefähr auf Kopfhöhe an,

⚽ spielt ihn mit …

    a)   dem Knie

    b)   dem Spann

⚽ in den Lauf,

⚽ erläuft den Ball und

⚽ stoppt diesen.

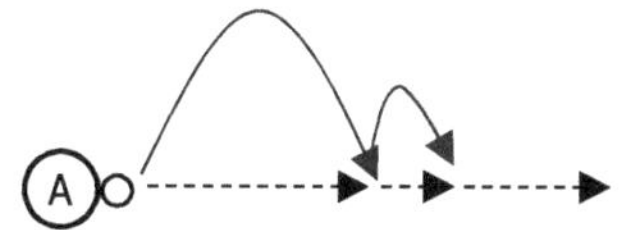

Steigerung: Ball weiterführen.

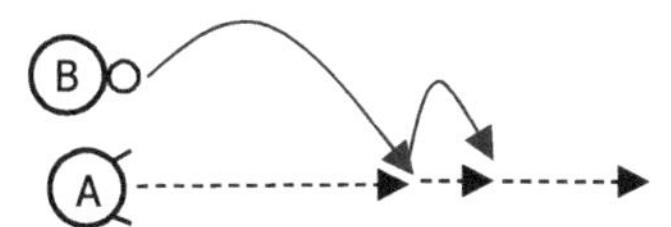

⚽ Spieler B wirft einen halbhohen Ball in den Lauf von Spieler A.

⚽ Spieler A erläuft den Ball und

⚽ nimmt diesen mit dem Oberschenkel an und

⚽ führt ihn weiter.

Beachte: Zuwurf des Balles von beiden Seiten des annehmenden Spielers trainieren.

Die Spieler spielen sich den Ball flach zu:

- ⚽ zuspielen
- ⚽ stoppen
- ⚽ Schritt zurück, anlaufen
- ⚽ ff.

Steigerung: Ball beim Stoppen, leicht nach vorne spielen. Somit entfällt der Schritt zurück.

Direktes Spielen

- ⚽ Spieler spielen sich den Ball direkt zu, also ohne ihn zu stoppen.

Hervorragendes Training des Ballgefühls.

Beachte: Spieler bleiben immer in Bewegung, leichtes Tibbeln auf der Stelle.

Hohen Ball annehmen

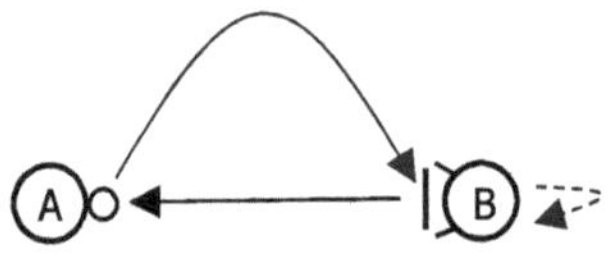

- ⚽ Spieler A wirft einen halbhohen Ball zu Spieler B,
- ⚽ Spieler B stoppt den Ball auf der Stelle,
- ⚽ nimmt etwas Anlauf und
- ⚽ spielt den Ball zurück zu A.

Steigerung: Ball in den Lauf stoppen, leicht nach vorne annehmen.

Ballannahme mit dem Oberschenkel

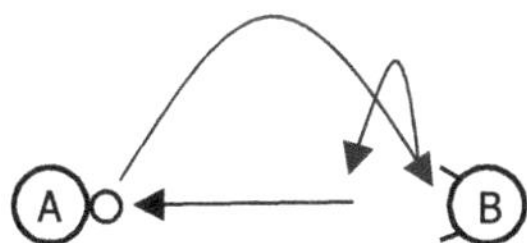

- ⚽ Spieler A wirft einen halbhohen Ball zu Spieler B,
- ⚽ Spieler B nimmt den Ball mit dem Oberschenkel an,
- ⚽ spielt ihn sich so in den Lauf und
- ⚽ zurück zu Spieler A.

Ballannahme aus der Bewegung heraus – flacher Ball

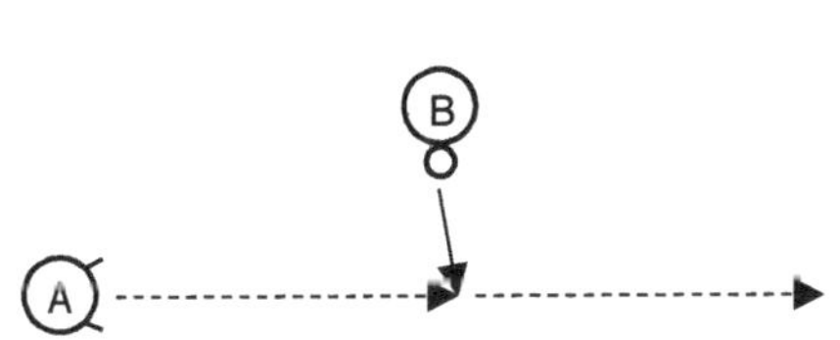

- ⚽ Spieler A läuft an,
- ⚽ Spieler B spielt einen flachen Ball in den Lauf des Spielers A,
- ⚽ Spieler A nimmt den Ball im Lauf mit.

Beachte:
a) Spieler A geht mit dem Oberkörper leicht über den Ball.
b) Ballkontrolle bei der Ballmitnahme, nicht zu weit vorlegen. Ball sofort eng führen.

Ballannahme aus der Bewegung heraus – hoher Ball

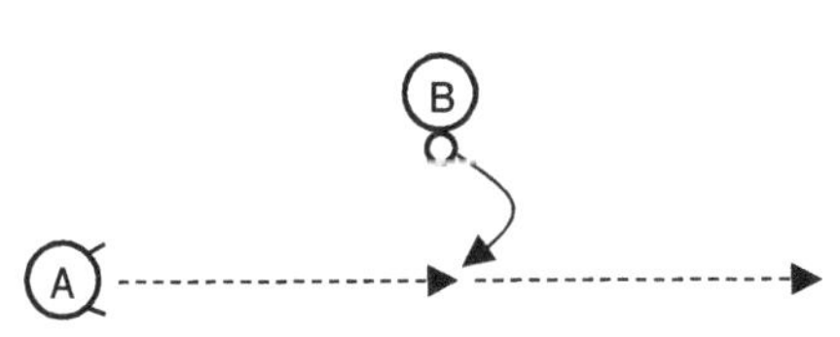

- ⚽ Spieler A läuft an,
- ⚽ Spieler B spielt einen halbhohen Ball in den Lauf des Spielers A,
- ⚽ Spieler A nimmt den Ball im Lauf mit.

Beachte:
a) Oberkörper bei der Ballmitnahme über den Ball.
b) Ballkontrolle bei der Ballmitnahme, nicht zu weit vorlegen. Ball sofort eng führen.

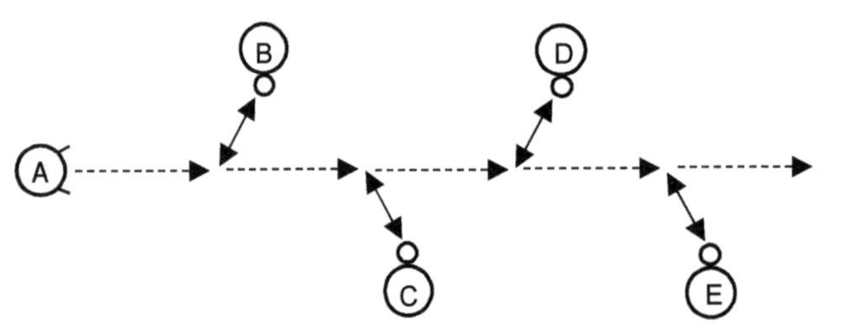

- ⚽ Spieler A läuft an und wird von den äußeren Spielern
- ⚽ mit flachen Bällen angespielt.
- ⚽ Spieler A stoppt diese,
- ⚽ spielt sie dann wieder zurück
- ⚽ und läuft weiter.

Beidbeiniges Training!

Dribbling – Ball führen

Ball sicher führen – einzeln

- Spieler dribbelt mit dem Ball im Pendel von Hütchen zu Hütchen (Abstand je nach Alter und Niveau).
- Der Ball wird vor den Hütchen gestoppt (Innenrist oder Sohle).

Ball sicher führen – einzeln, Achter

- Spieler dribbelt mit dem Ball im Achter um die Hütchen.

Temposteigerung je nach Alters- und Niveaustufe.

Pendellauf

- Spieler A dribbelt mit dem Ball zu Spieler B,
- stoppt vor Spieler B den Ball und
- reiht sich hinter Spieler B ein.
- Spieler B dribbelt mit dem Ball zu Spieler C
  ...
- ff.

Pendellauf mit Ballannahme

- ⚽ Spieler A dribbelt mit dem Ball zu Spieler B,
- ⚽ spielt kurz vor Spieler B den Ball ab und
- ⚽ reiht sich hinter Spieler B ein.
- ⚽ Spieler B nimmt den Ball an und dribbelt mit dem Ball zu Spieler C ...
- ⚽ ff.

Pendellauf mit Doppelpass

- ⚽ Spieler A dribbelt mit dem Ball zu Spieler B,
- ⚽ Doppelpass mit Spieler B, A lässt den Ball liegen und
- ⚽ reiht sich hinter Spieler B ein.
- ⚽ Spieler B erläuft den Ball und dribbelt zu Spieler C ...
- ⚽ ff.

Ball in den Lauf spielen („Mitspieler schicken")

- ⚽ Spieler A dribbelt zu Spieler B,
- ⚽ umläuft ihn und
- ⚽ spielt den Ball in den Lauf von Spieler B.
- ⚽ Spieler A reiht sich hinter Spieler B ein.
- ⚽ Spieler B erläuft den Ball, nimmt ihn mit ...
- ⚽ ff.

Variante

Pass durch die Beine des nächsten Spielers

Doppelpass und Pass in den Lauf

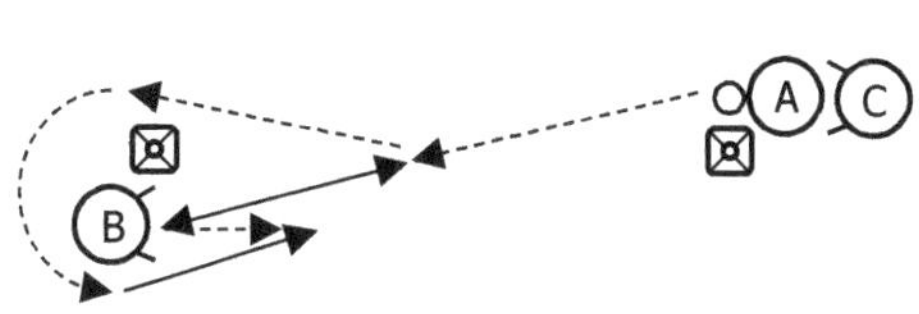

- ☉ Spieler A dribbelt auf Spieler B zu.
- ☉ Auf halber Strecke spielen die Spieler einen Doppelpass.
- ☉ Spieler A dribbelt weiter um Spieler B,
- ☉ passt ihm in den Lauf und reiht sich ein.
- ☉ Spieler B erlauft den Pass und dribbelt weiter …
- ☉ ff.

Slalomdribbling

- ☉ Spieler laufen im Slalom,
- ☉ umlaufen den Mitspieler und
- ☉ spielen den Ball in den Lauf der Mitspieler …
- ☉ ff.

<u>Variante</u>

Nach dem letzten Hütchen könnte ein Doppelpass (Spieler A und B) gespielt werden.

<u>Variante</u>

Pass durch die Beine des Folgespielers

<u>Beachte</u>

Hütchenanzahl und Einlauf in den Slalom so wählen, dass der nächste Spieler leichter umlaufen werden kann. Siehe Grafik: hier kann das letzte Hütchen im Slalom nicht ausgelassen werden.

Slalomdribbling und Pass in den Lauf

- Spieler dribbeln durch den Slalom,
- passen nach dem letzten Hütchen den Ball zum nächsten Spieler und
- reihen sich dahinter ein ...
- ff.

Hütchen im Slalom umlaufen

- Spieler durchlaufen den Slalom und
- umlaufen jedes Slalomhütchen komplett.
- Nach dem letzten Hütchen wird der Ball gepasst und wieder hintenangestellt.

Gegner umlaufen

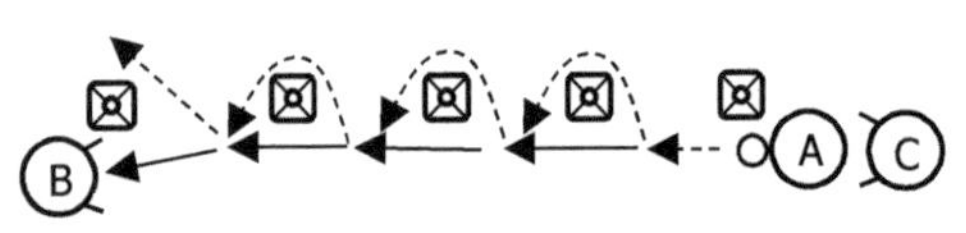

- Spieler laufen auf Hütchen zu,
- spielen den Ball geradeaus und
- umlaufen das Hütchen (den späteren Gegenspieler).
- Nach dem letzten Hütchen wird der Ball dem nächsten Spieler zugespielt und dahinter eingereiht. ...
- ff.

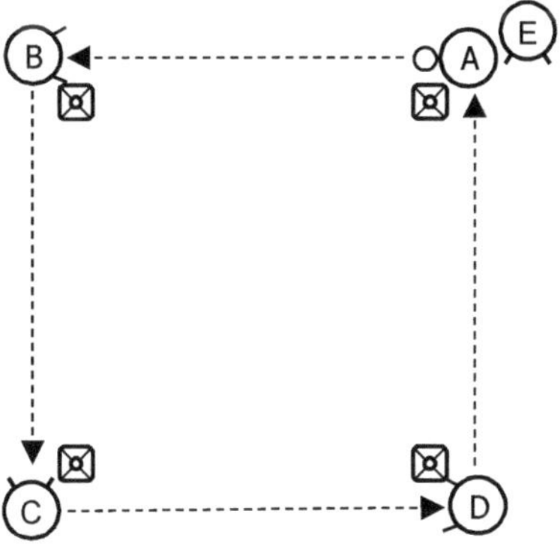

- ⚽ Spieler laufen im Viereck jeweils zum nächsten Spieler,
- ⚽ übergeben außerhalb des Vierecks den Ball.
- ⚽ Die jeweils nächsten Spieler nehmen den Ball mit und dribbeln weiter …
- ⚽ ff.

Viereck mit Ballübergabe – Gegner umspielen

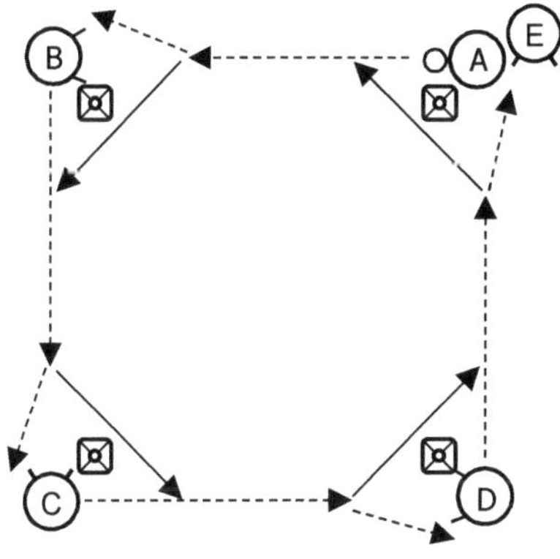

- ⚽ Spieler dribbeln in Richtung des nächsten Spielers,
- ⚽ passen links an dessen Hütchen vorbei (durch das Viereck) und reihen sich ein.
- ⚽ Der nächste Spieler erläuft den Ball,
- ⚽ dribbelt weiter …
- ⚽ ff.

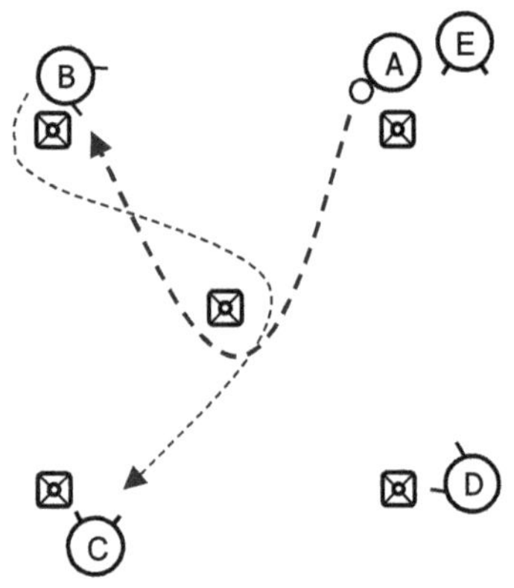

⚽ Die Spieler dribbeln von ihren äußeren Hütchen um das Hütchen in der Mitte und

a) übergeben den Ball rechts vom folgenden Hütchen, wodurch die nächsten Spieler ihr äußeres Hütchen umlaufen müssen (hier Spieler A auf B).

b) übergeben den Ball links vom folgenden Hütchen, wodurch die nächsten Spieler schneller ins Zentrum dribbeln können (Spieler B auf C).

Ein Durchgang Variante a), der nächste Durchgang Variante b)

Steigerung

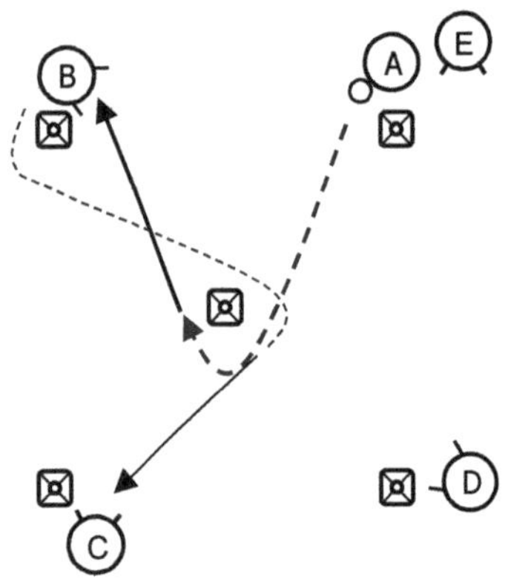

⚽ Die Spieler dribbeln von ihren äußeren Hütchen um das Hütchen in der Mitte und

a) passen den Ball rechts vom folgenden Hütchen, wodurch die nächsten Spieler ihr äußeres Hütchen umlaufen müssen (hier Spieler A auf B).

b) passen den Ball links vom folgenden Hütchen, wodurch die nächsten Spieler schneller ins Zentrum dribbeln können (Spieler B auf C).

Ein Durchgang Variante a), der nächste Durchgang Variante b)

Quadrat: 16x16m

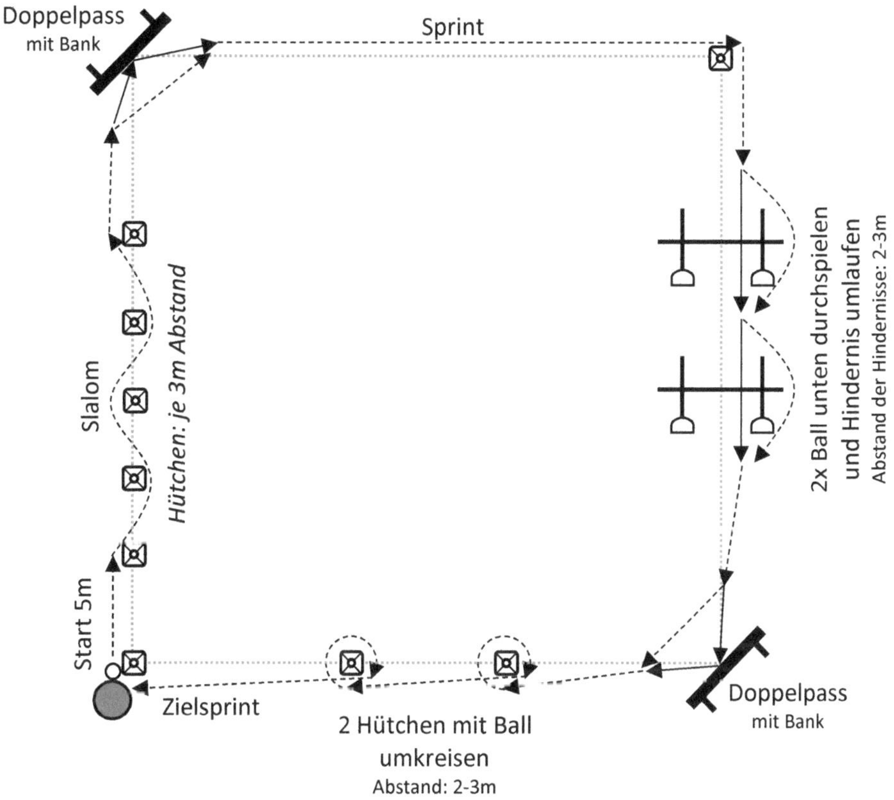

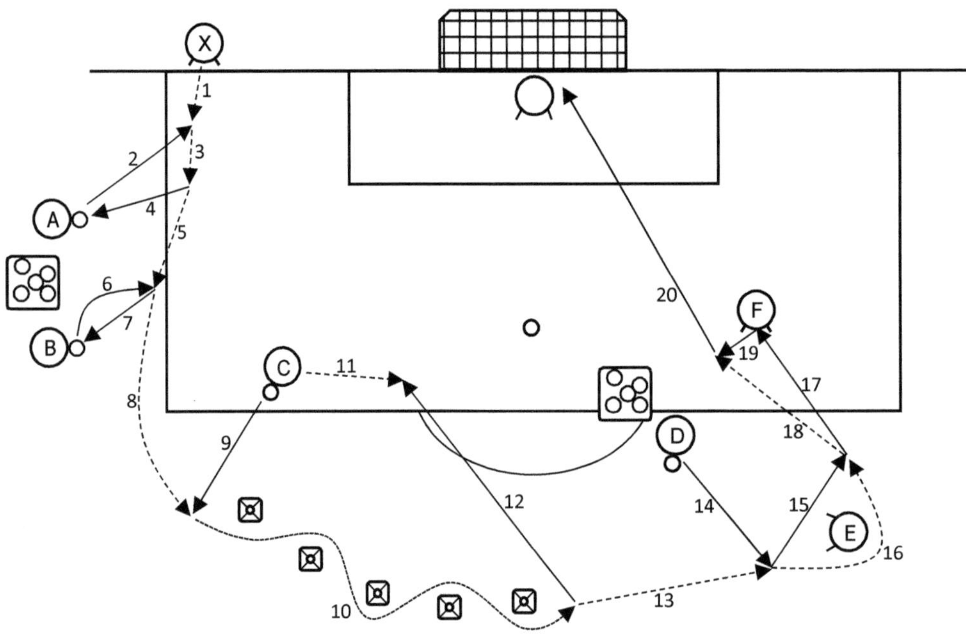

⚽ Spieler X läuft durch den Parcours:

1) Start
2) A passt Ball X in den Lauf
3) X nimmt den Ball mit
4) passt zu A zurück
5) läuft auf B zu
6) B wirft einen Einwurf auf X
7) X lässt Einwurf zurückprallen
8) sprintet in Richtung Slalom
9) C passt X Ball in den Lauf
10) X dribbelt mit Ball durch den Slalom

11) C verschiebt ins Zentrum
12) X spielt den Ball zu C zurück
13) sprintet in Richtung E
14) D passt in den Sprint
15) X lässt den Ball links von E prallen
16) umläuft E (Spieler oder Hütchen)
17) spielt F an
18) sprintet auf Tor zu
19) F lässt Ball in den Lauf von X prallen
20) X schließt ab

Zuspiel – Pass

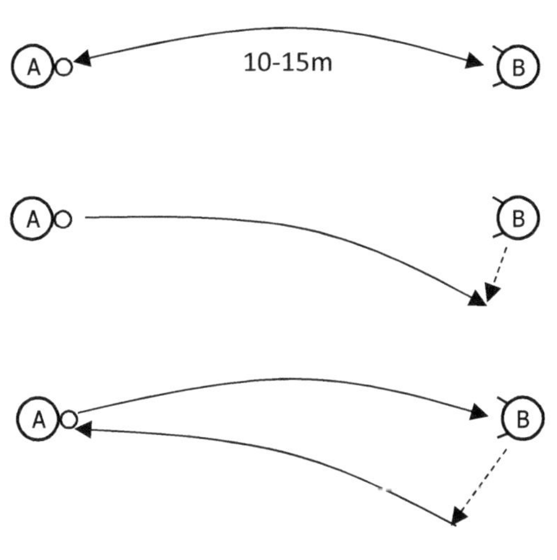

1) Spieler A und B flanken sich den Ball so präzise wie möglich zu:
   a) Ball auf Punkt stoppen, Anlauf nehmen, passen, ff.
   b) Ball in den eigenen Lauf stoppen (1m nach vorne abprallen lassen), Anlauf, passen, ff.

2) Die Pässe erfolgen in den Lauf des annehmenden Spielers nach links und rechts.

3) Genauer Pass. Annehmender Spieler nimmt den Ball an, läuft seitlich (1-3m), legt sich den Ball zurecht und flankt aus dem Lauf präzise zurück, ff.

Varianten mit kürzerer Distanz (max. 5m)
⚽ Flache Pässe mit 1-3 Ballkontakten.

Ballweg = Laufweg (Rundlauf)

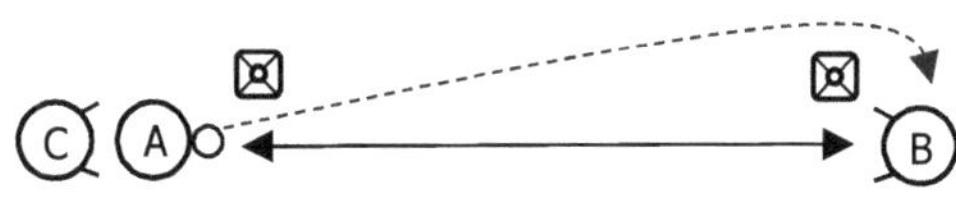

⚽ Die Spieler (hier A) passen den Ball sauber zum Mitspieler (hier B),
⚽ laufen dem Ball nach und
⚽ stellen sich auf der anderen Seite hinten an,
⚽ ff.

- ⚽ Spieler A läuft um die inneren Hütchen (Abstand variiert je nach Alter und Niveau).
- ⚽ An den beiden Hütchen spielen ihm die äußeren Spieler (hier B und C) einen flachen Pass zu, welche
- ⚽ Spieler A zurück passt,
- ⚽ ff.

Variante:

Anstatt flachen Pässen, können die Bälle auch zugeworfen werden, welche der innere Spieler direkt oder nach Ballstopp zurückspielt.

Doppelpass Pendel

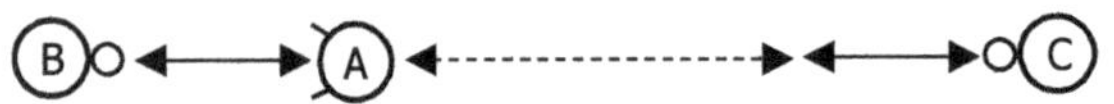

- ⚽ Spieler A läuft im Pendel zu Spieler B und C.
- ⚽ Diese spielen mit Spieler A einen Doppelpass.

Anzahl der Pendelläufe, Laufstrecke und Passlänge variieren nach Alter und Niveau.

Niedrige Niveaustufe: Spieler A spielt jeweils mit zwei Ballkontakten.

Steigerungen:

Steigerung

⚽ Spieler A führt den Ball im Pendel und

⚽ passt auf die äußeren Spieler.

Niedrige Niveaustufe: Spieler B und C spielen jeweils mit zwei Ballkontakten.

Steigerung 2

⚽ Die äußeren Spieler spielen dem Mittelspieler in den Lauf nach Richtungswechsel (A)

Doppelpässe aus der Bewegung heraus

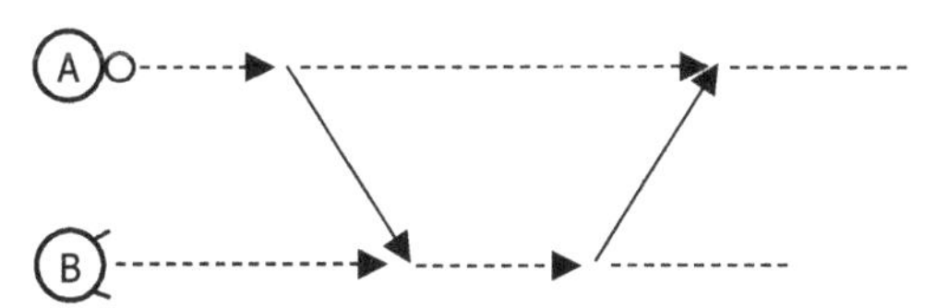

⚽ Die Spieler laufen parallel und
⚽ passen sich gegenseitig den Ball flach in den Lauf:

Ball annehmen – mitnehmen – passen – ff.

Beachte: Seitenwechsel der Spieler, damit beide Füße trainiert werden.

Steigerung:

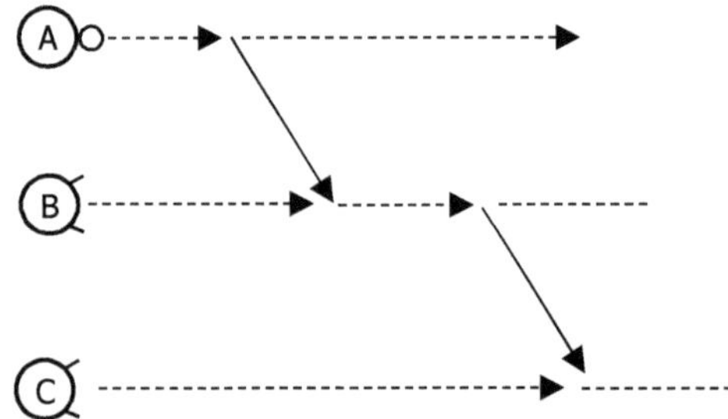

Steigerung mit 3 Spielern

- ⚽ Spieler A passt zu Spieler B,
- ⚽ Spieler B passt zu Spieler C,
- ⚽ Spieler C pass zurück zu B,
- ⚽ B zu A,
- ⚽ ff.

Ballweg = Laufweg – Zick-Zack

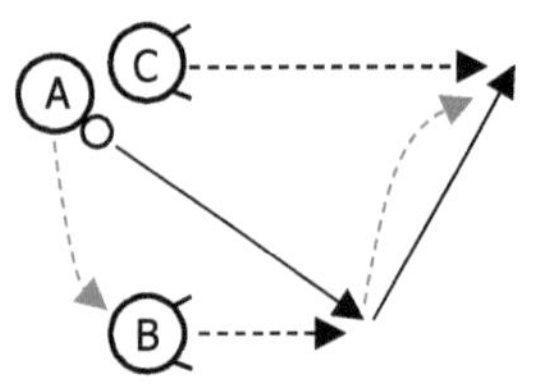

- ⚽ Spieler A passt Spieler B in den Lauf und
- ⚽ läuft hinter Spieler B,
- ⚽ Spieler C läuft parallel mit,
- ⚽ Spieler B passt Spieler C in den Lauf und
- ⚽ läuft hinter Spieler C,
- ⚽ ff.

a) Die Spieler nehmen den Ball nach Pass mit (Annahme + Mitnahme)

b) Die Spieler passen den Ball direkt

3er-Pendel

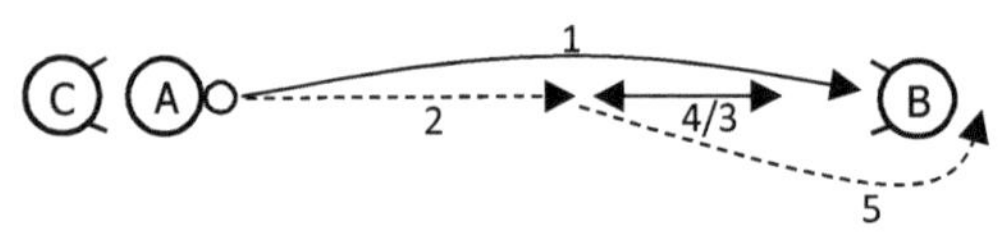

1) Spieler A passt auf Spieler B,
2) läuft ihm entgegen,
3) Spieler B und A spielen einen kurzen Doppelpass,
4) Spieler A macht den Weg für Spieler B frei (reiht sich hinter Spieler B ein),
5) Spieler B passt auf Spieler C,
   ff.

Variante: Leichtes Niveau = Spieler spielen mit zwei Ballkontakten.

Einzelpendel, passen nach Bewegung

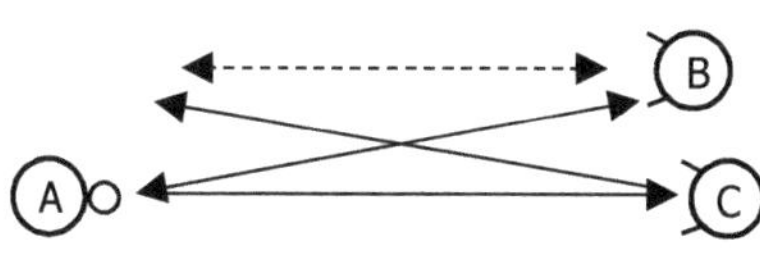

- ⚽ Spieler A spielt mit Spieler B einen Doppelpass,
- ⚽ Spieler A spielt danach den Ball zu Spieler C und Spieler B läuft auf die Seite zu Spieler A,
- ⚽ Spieler C spielt mit Spieler B einen Doppelpass,
- ⚽ Spieler C spielt danach den Ball zu Spieler A und Spieler B läuft auf die Seite zu Spieler C,
- ⚽ ff.

Butterfly

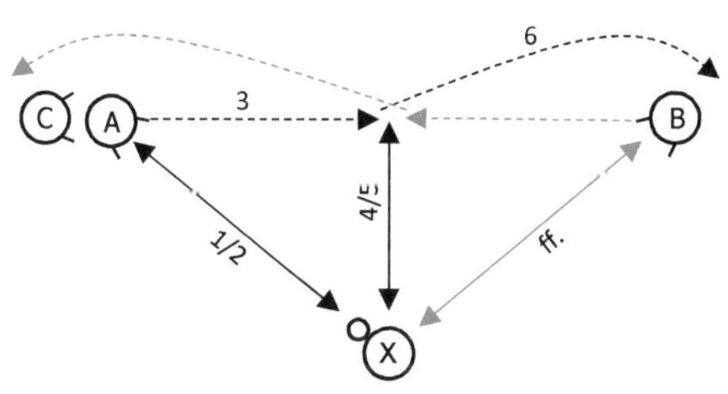

- ⚽ Doppelpass Spieler X und A,
- ⚽ A läuft ins Übungszentrum,
- ⚽ dreht sich zu Spieler X,
- ⚽ Doppelpass zwischen Spieler X und A,
- ⚽ Spieler A läuft auf die rechte Seite und stellt sich hinter Spieler B an,
- ⚽ Doppelpass Spieler X und B,
- ⚽ ff.

Übung mit jeweils zwei Ballkontakten oder direktem Spiel.

Doppelpässe in Folge

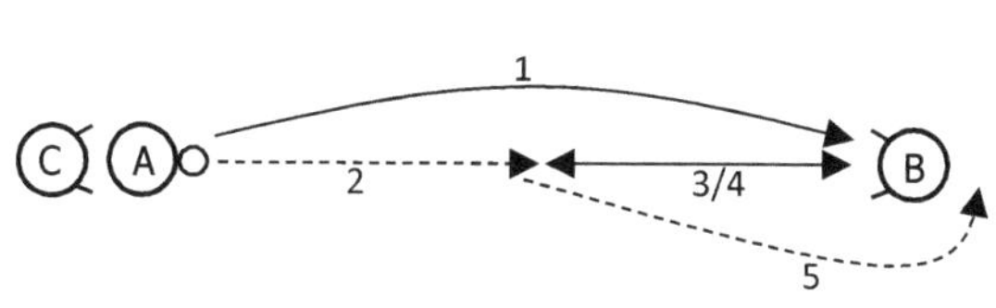

- ⚽ Spieler A spielt einen langen Pass auf Spieler B und
- ⚽ läuft auf ihn zu.
- ⚽ Doppelpass zwischen Spieler B und A,
- ⚽ Spieler A läuft hinter Spieler B.
- ⚽ Spieler B spielt einen langen Pass auf Spieler C und …
- ⚽ ff.

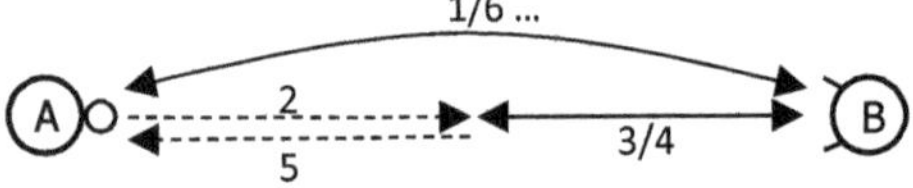

1) Spieler A spielt einen **lang**en Ball auf Spieler B,
2) läuft bis auf 1m vor Spieler B,
3) Doppelpass: **kurz**er Pass von B auf A,
4) **kurz**er Pass von A zurück auf B,
5) A läuft rückwärts auf seine Ausgangsposition,
6) B spielt einen **lang**en Ball auf A,
7) ff.

Sternlauf

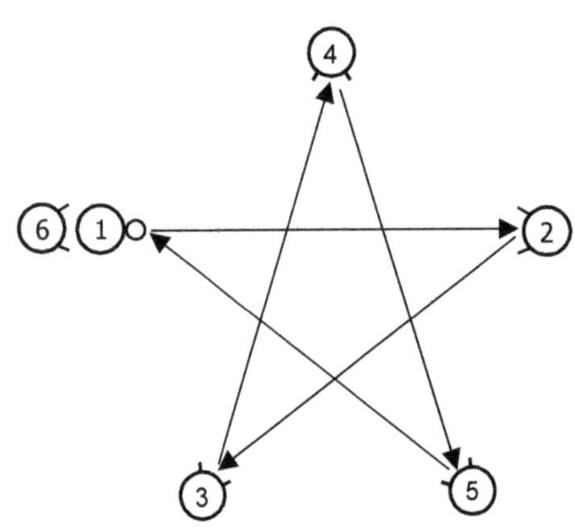

1) Spieler 1 spielt zu Spieler 2
2) 2 zu 3
3) 3 zu 4
4) 4 zu 5
5) 5 zu 6 (Position 1)

Ballweg = Laufweg

Nach ihrem Pass laufen die Spieler dem Ballweg nach und stellen sich hinter dem angespielten Spieler an.
So kann diese Übung beliebig lange gespielt werden.

Beachte: Ballrichtung auch mal ändern
(1-5, 5-4, 4-3, 3-2, 2-6)

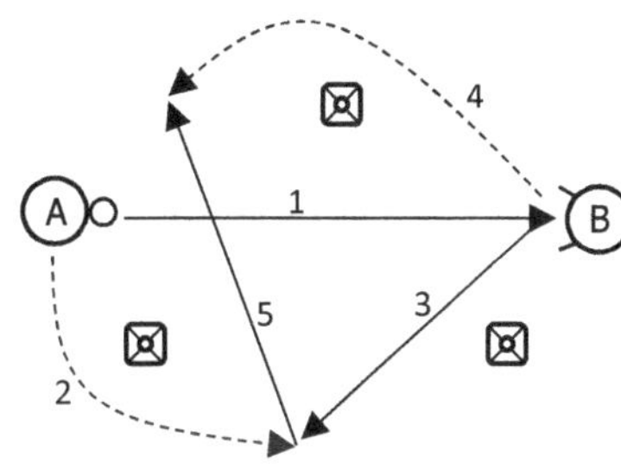

Die Übung sollte (getrennt voneinander) im und gegen den Uhrzeigersinn geübt werden!

1) Spieler A passt durch das Hütchen-Dreieck zu Spieler B und
2) läuft (hier im Uhrzeigersinn) um das nächste Hütchen, rechts von ihm,
3) Spieler B passt (indirekt oder direkt) zu Spieler A und
4) läuft um das nächste Hütchen, rechts von ihm,
5) Spieler A passt ...
6) ff.

Spieler passen durch die Hütchen und laufen sofort um deren nächstes Hütchen.

Steigerung: Doppelpass mit Lauf, einfach (2 Spieler)

<u>Übung mit 5 Hütchen!</u>

1) Spieler A passt durch das Hütchen-Dreieck zu Spieler B und
2) läuft um das nächste Hütchen ...
   ... seiner Wahl nach links oder rechts
3) Spieler B muss nun genau aufpassen, in welche Richtung er den Ball spielen muss.

So haben beide Spieler die Möglichkeit nach links oder rechts zu laufen.

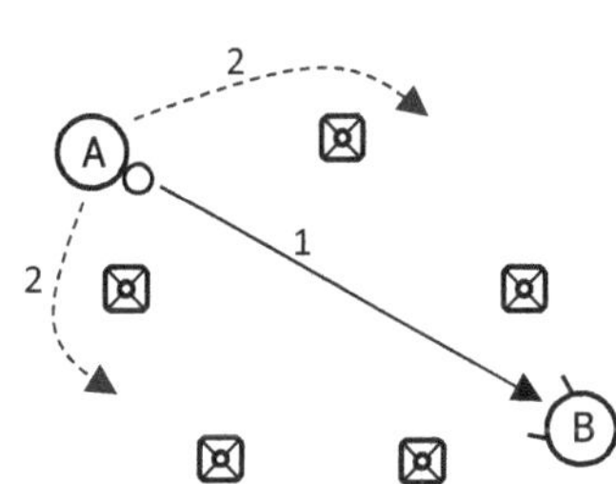

Varianten:
- Spieler B gibt mit seinem Pass die Laufrichtung von Spieler A vor, oder
- Spieler B gibt mit einer Handbewegung die Laufrichtung vor (Zeichengabe).

- Mit direkten Gegenspielern, die versuchen den Pass abzufangen.

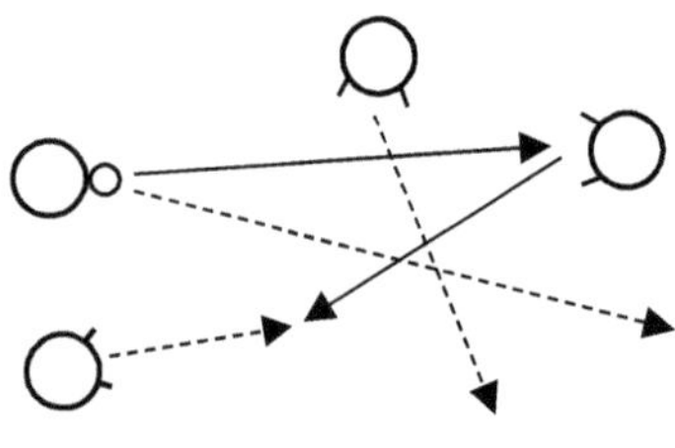

- ☺ Die Spieler bewegen sich permanent durcheinander und
- ☺ passen sich gegenseitig den Ball zu.

Varianten
- Mehrballkontakt bis Direktspiel möglich.
- Ball nicht zum abspielenden Spieler zurückspielen.
- Reihenfolge der anzuspielenden Spieler festlegen.
- Mehrere Bälle in die Übung einbinden.

10er-Ball

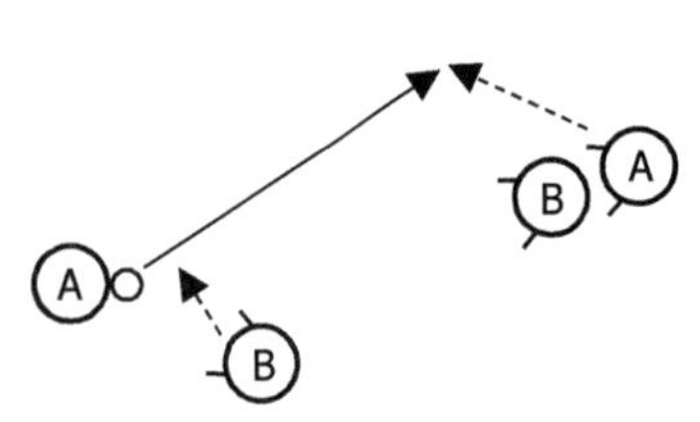

- ☺ Spieler A spielen gegen Spieler B (2 vs. 2. Größere Gruppen kommen bei anderen Übungen zum Einsatz).
- ☺ Spieler A versuchen sich den Ball 10x direkt zuzupassen,
- ☺ Spieler B versuchen die Doppelpässe zu unterbinden, bzw. den Ball zu erkämpfen.
- ☺ Unterbindet ein Gegenspieler einen Doppelpass, beginnt die Zählung wieder bei „0",
- ☺ das Paar, das sich den Ball erkämpft beginnt zu passen.

10 direkte Doppelpässe = 1 BigPoint, und der Ball geht an die Gegner.

Doppelpässe beidfüßig aus der Bewegung

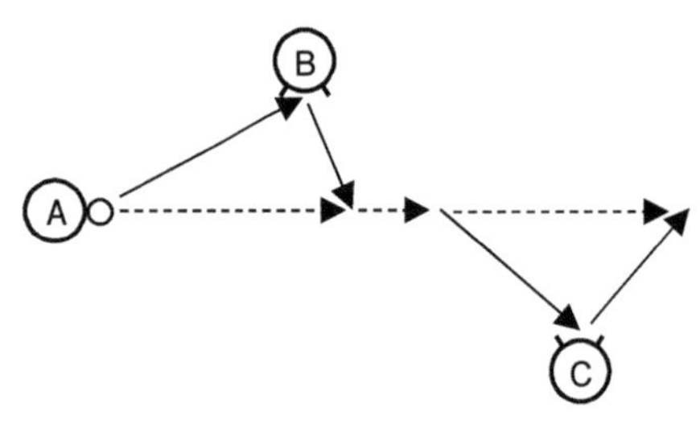

- ☺ Spieler A spielt mit den äußeren Spielern (hier B und C) Doppelpässe aus dem Lauf heraus.
- ☺ Bei dieser Übung muss der ballführende Spieler beidfüßig üben.
- ☺ Nachdem Spieler A die Innenbahn durchlaufen hat, dreht er um und die Übung geht in die andere Richtung weiter, oder Spielerwechsel.

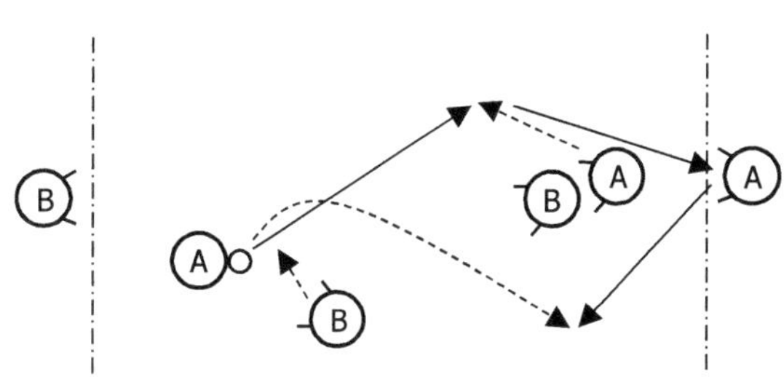

⚽ Im Innenfeld spielen Spieler A gegen B.
⚽ Jedes Team hat einen Außenspieler (hinter einer Markierung),
⚽ der zu jeder Zeit angespielt werden kann.

Damit die Außenspieler das Spiel nicht verzögern, sollten diese mit max. 2 Ballkontakten spielen.

Begrenzung der Pässe für BigPoint möglich (10er-Ball).

Pendelball – hohe Pässe

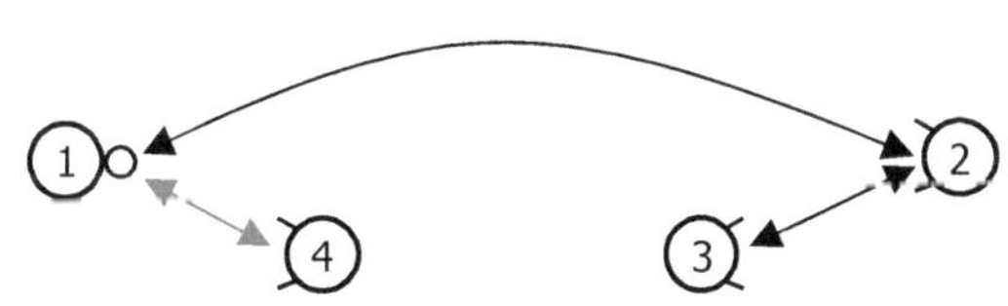

1) Spieler 1 spielt einen langen Ball auf Spieler 2,
2) Spieler 2 spielt einen kurzen Doppelpass mit Spieler 3.
3) Spieler 2 spielt einen langen Ball auf Spieler 1,
4) Spieler 1 spielt einen kurzen Doppelpass mit Spieler 4.
5) ff.

Je nach Niveau spielen die Spieler mit mehreren Ballkontakten oder direkt.

Die Entfernung zwischen 1 und 2 variiert.

Steigerung

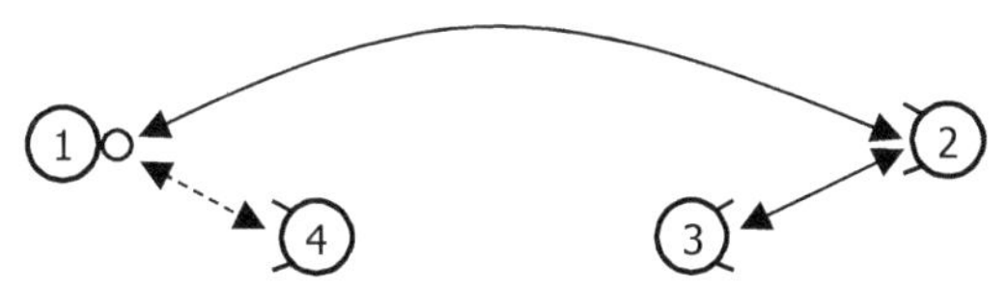

⚽ Nach den langen Bällen wechseln die Spieler:
  ⚽ 1 mit 4
  ⚽ 2 mit 3

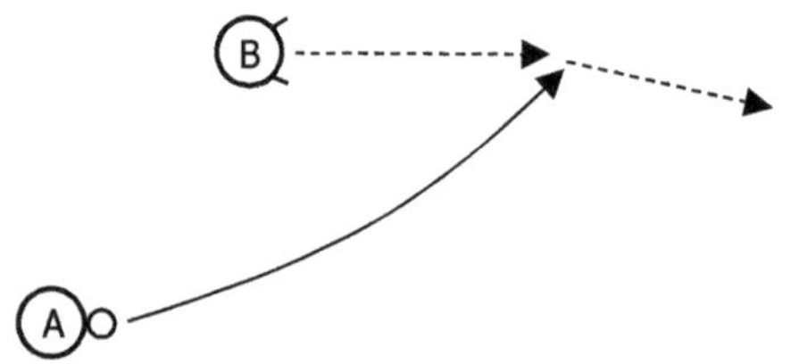

1) Spieler A flankt in den Laufweg von Spieler B, dieser nimmt den Ball an und mit.

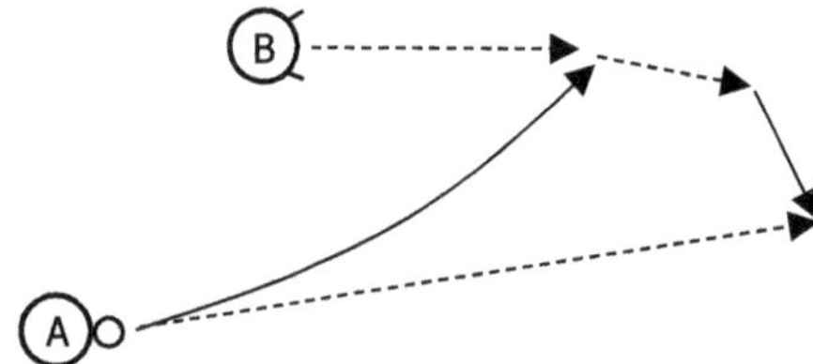

2) Spieler A flankt in den Laufweg von Spieler B und läuft sofort parallel mit, Spieler B nimmt den Ball an (oder direkt) und spielt den Ball zurück in den Lauf von Spieler A.

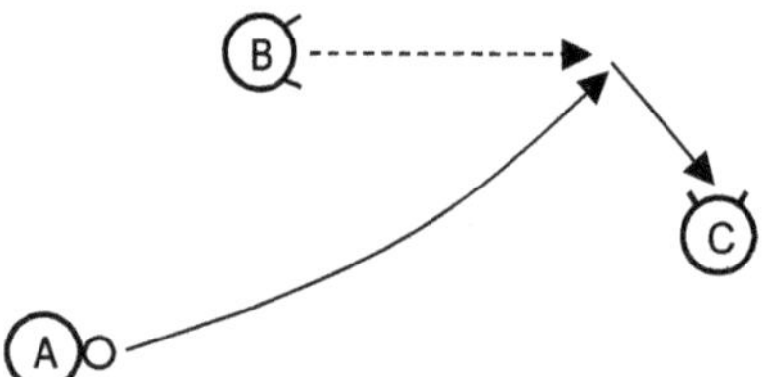

3) Spieler A flankt in den Laufweg von Spieler B, dieser spielt den Ball (nach Annahme oder direkt) zu Spieler C.

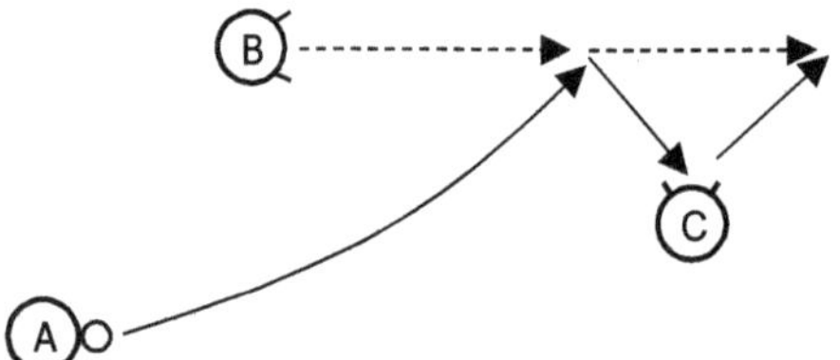

4) Spieler A flankt in den Laufweg von Spieler B, dieser spielt einen Doppelpass mit Spieler C …

5) … weitere Doppelpässe zwischen Spieler B und C in den jeweiligen Laufweg.

Diagonalrückpass von der Grundlinie

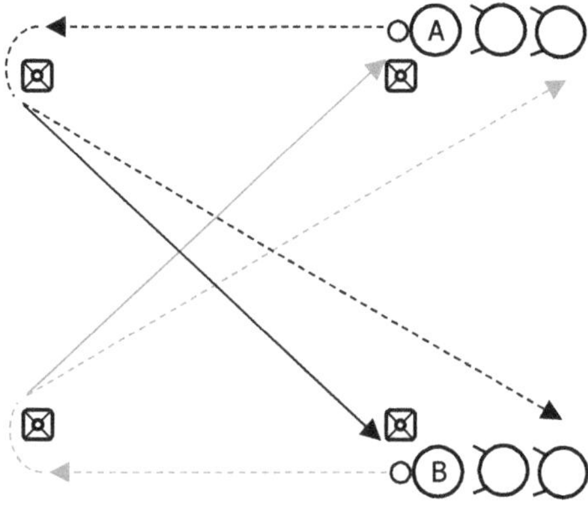

- ⚽ Spieler dribbeln geradeaus zum Hütchen,
- ⚽ umlaufen dieses,
- ⚽ spielen einen Diagonalpass zur Nebengruppe und
- ⚽ schließen sich dort hinten an.

Durch den Diagonalwechsel wird beidbeinig trainiert.

Typische Spielsituationen:
- ⚽ Abwehrspieler mit Gegenspieler im Rücken, läuft zur eigenen Grundlinie und schlägt den Ball diagonal ins Mittelfeld.
- ⚽ Stürmer läuft an die gegnerische Grundlinie und schlägt einen Ball an die 16er-Grenze.

Dreieck mit Nachlaufen

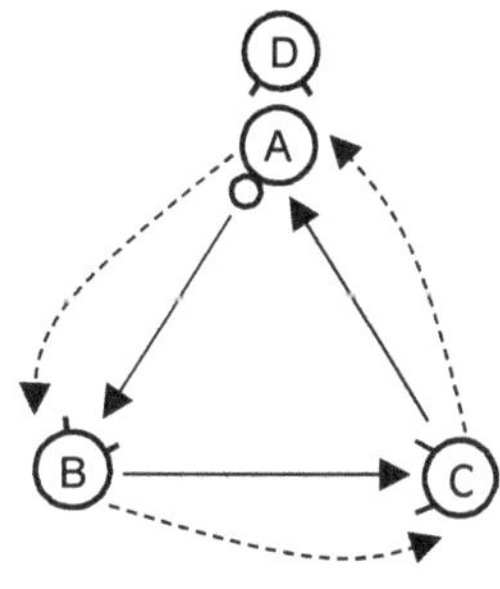

- ⚽ Die Spieler spielen einen Pass im Dreieck,
- ⚽ laufen dem Ballweg nach und
- ⚽ stellen sich hinter dem Angespielten an,
- ⚽ ff.

Direktspiel oder Ballkontakte begrenzen.
Spielrichtung wechseln nicht vergessen!

Schnelle Folge von Doppelpässen mit Richtungswechsel

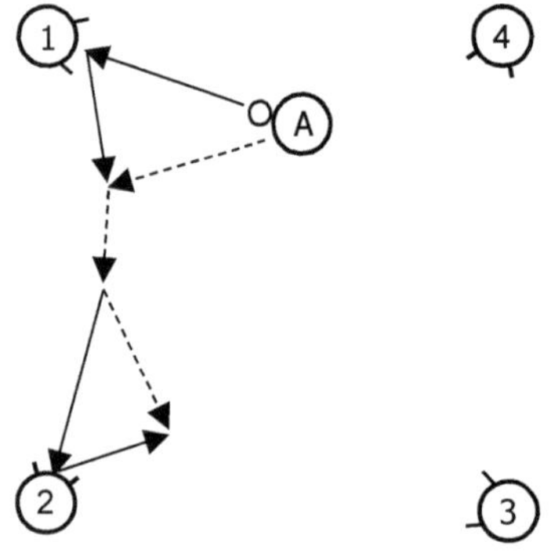

- ⚽ Innenspieler A spielt mit den Außenspielern (1 bis 4) Doppelpässe.
- ⚽ Die Rückpässe der Außenspieler sollte in den Lauf des Innenspielers erfolgen.
- ⚽ Spieler A nimmt den Rückpass mit und spielt schnellstmöglich den nächsten Außenspieler an.

Im Inneren können mehrere Spieler gleichzeitig üben.
Die Außenspieler sollten so weit auseinander stehen, damit die Innenspieler laufen müssen.

Doppelpässe in Serie

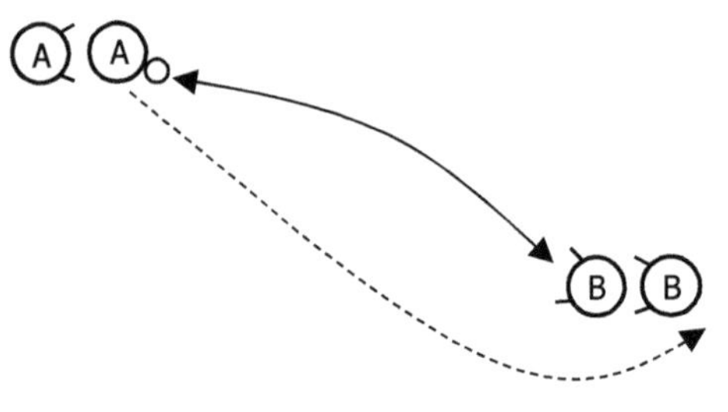

- ⚽ Die Spieler spielen längere Pässe und
- ⚽ laufen dem Ballweg nach (anstellen).

- Flache Bälle und hohe Pässe spielen.
- Spieler A reihen sich hinter B ein (gegenüber).
- Spieler A reihen sich hinter A ein, B hinter B (kein Lauf zum gegenüberliegenden Team).

Schneller Richtungswechsel beim Pass

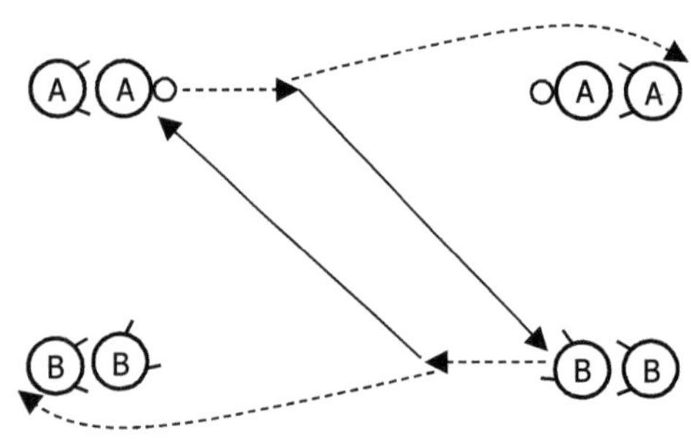

- ⚽ Spieler (hier A) dribbeln ein paar Meter geradeaus,
- ⚽ drehen sich schnell zu den Spielern B,
- ⚽ spielen einen Pass zu B und
- ⚽ schließen sich gegenüber an (A hinter A, B hinter B), so wird beidbeinig trainiert.
- ⚽ B nimmt den Ball auf, dribbelt und spielt zum nächsten Spieler A,
- ⚽ ff.

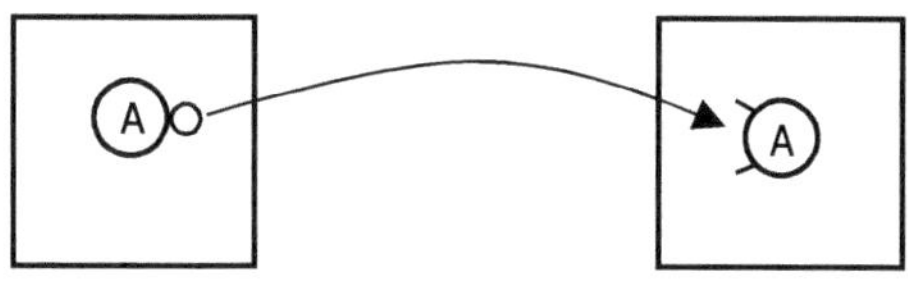

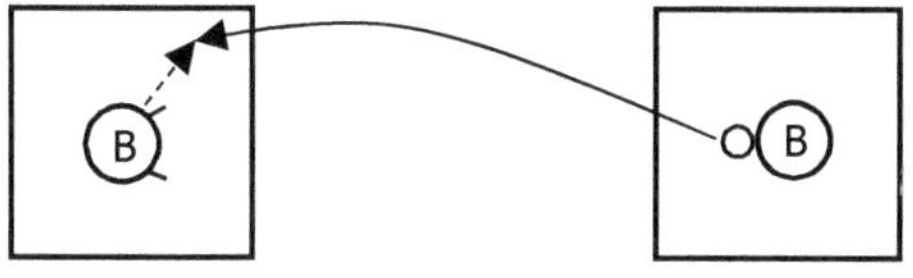

☺ Die Spieler befinden sich in abgesteckten Feldern
(Größe und Entfernung variiert nach Alter und Niveau).

☺ Spieler spielen aus ihren Feldern einen Pass zu ihren Partnern in deren Feldern (A zu A, B zu B)

☺ Ein Pass ist gelungen, wenn der Partner den Pass in seinem Feld sauber annehmen kann = 1 Punkt.

☺ Welches Paar erreicht zuerst z.B. 10 Punkte.

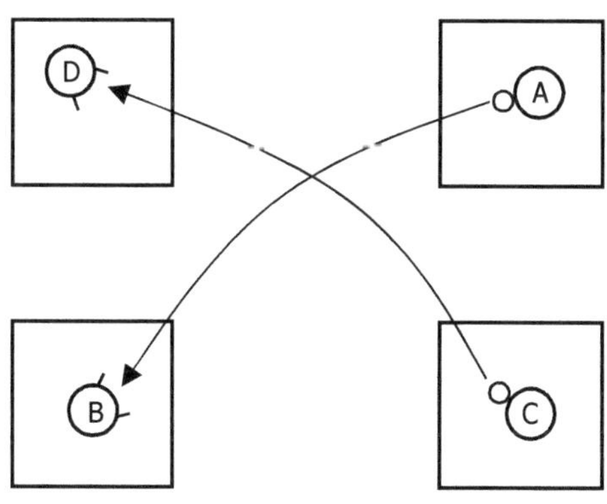

Variante
☺ Diagonalpässe: A – B, C – D

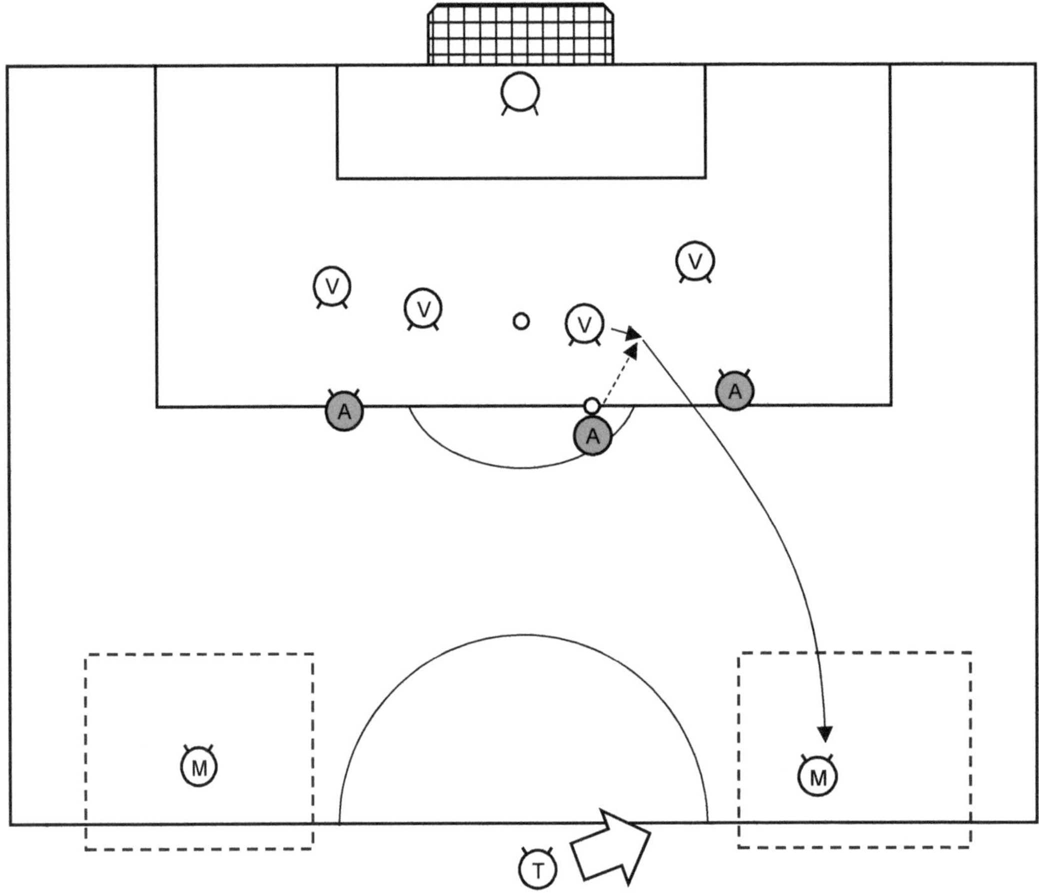

⚽ **A**ngreifer spielen gegen **V**erteidiger auf´s Tor.

⚽ Erkämpfen sich die Abwehrspieler den Ball,

⚽ schlagen sie den Ball zu deren **M**ittelfeldspieler.

Variante/n

⚽ **T**rainer zeigt den Abwehrspielern an, welche Seite des Mittelfeldes angespielt werden soll.

⚽ Mittelfeldspieler befinden sich in abgesteckten Feldern.

⚽ Erreicht der Abwehrball die Mittelfeldspieler, bekommen die Abwehrspieler einen Punkt.

TORABSCHLUSS

Die Torwartfrage! Bei kleineren Gruppen, und vor allem im Schulsport (größtenteils keine ausgebildeten Torhüter) kann das Tor mit Hindernissen bestückt werden. Außerdem ist es nie verkehrt, wenn auch der etatmäßige Torhüter den Torabschluss trainiert.

Möglicher Ersatz für Torhüter

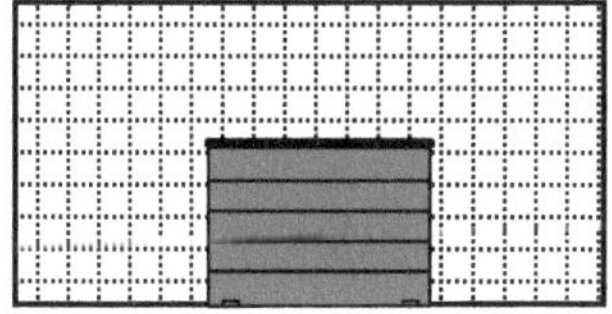

Vor allem in der Halle eignen sich Kästen, in kleinen Toren (Handballtore). In Hockeytoren kleine Kästchen.
Kleine Kästchen mit der Öffnung nach vorne eignen sich ebenfalls als „kleine" Tore.

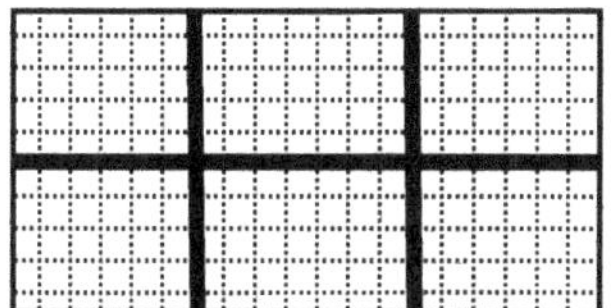

In- und Outdoor ist das Absperrband eine hervorragende Alternative.

Das Absperrband eignet sich auch optimal für gezieltes Torabschlusstraining (Zonentreffer, siehe auch Fußballabzeichen: Elferkönig, Kopfballkönig).

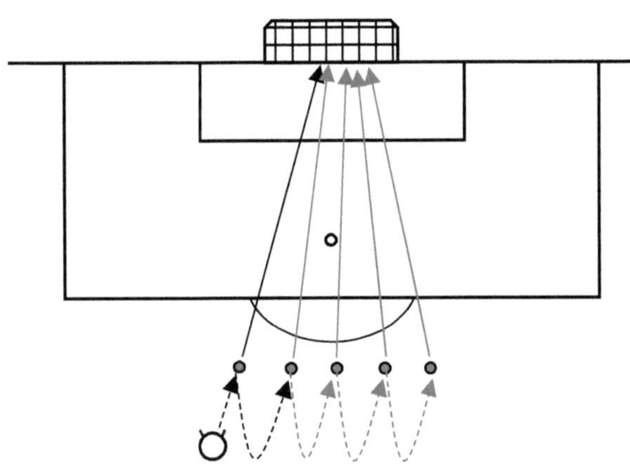

- ⚽ Mehrere Bälle liegen in einer Reihe (Abstand zum Tor variiert nach Alter und Niveau)
- ⚽ Der Spieler nimmt Anlauf und schießt auf´s Tor,
- ⚽ nach dem Torschuss läuft er rückwärts,
- ⚽ nimmt Anlauf zum nächsten Ball,
- ⚽ ff.

Auch die Geschwindigkeit und Position der Bälle (weiter links oder rechts) sollte variieren.

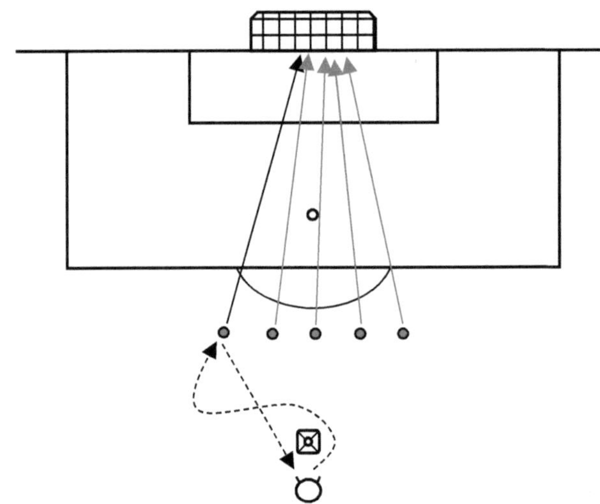

Steigerung

- ⚽ Der Spieler läuft nach jedem Torschuss rückwärts zu einem Hütchen,
- ⚽ von wo aus er wieder Anlauf nimmt.

So wird auch ein ungewohnter Anlauf trainiert.

Torabschluss nach flachem Zuspiel

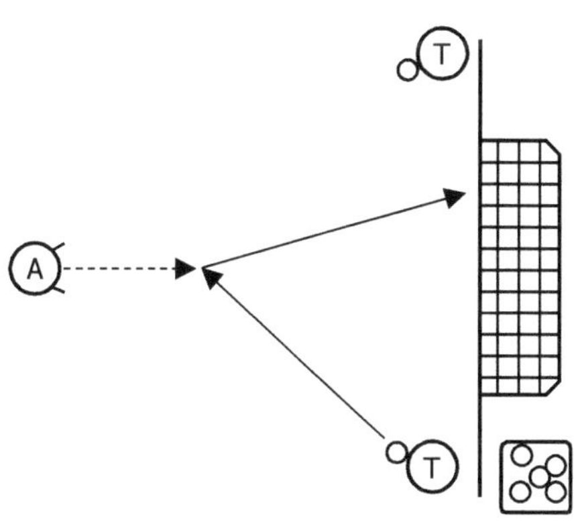

⚽ Spieler A nimmt Anlauf (Entfernung variiert
   nach Alter und Niveau),
⚽ Trainer (oder Mitspieler) spielt einen flachen
   Ball in den Lauf,
⚽ Spieler A nimmt den Ball direkt und
⚽ schießt auf´s Tor.

Ball auflegen immer von beiden Seiten
trainieren.

Variante
⚽ Ball stoppen und schießen (2 Ballkontakte).

Torabschluss nach Dribbling

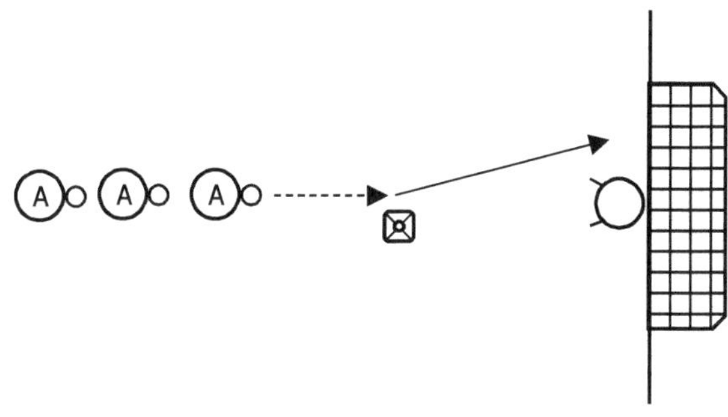

⚽ Spieler dribbeln auf´s Tor zu und
⚽ schließen ab.

Entfernung zum Tor variiert nach
Alter und Niveau.

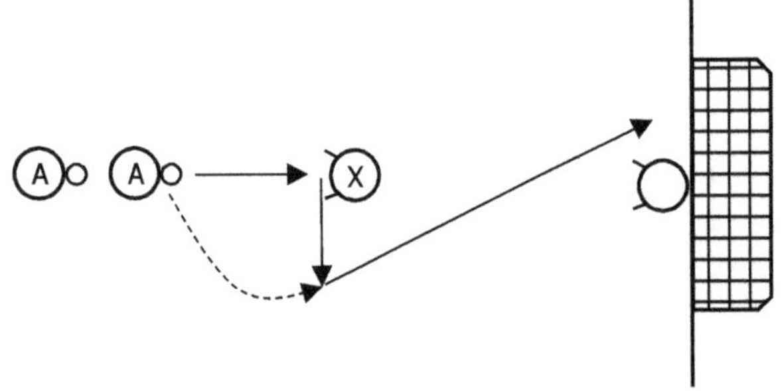

- ⚽ Spieler A dribbelt auf Spieler X (Mitspieler oder Trainer) zu,
- ⚽ spielt ihn an,
- ⚽ Spieler X legt den Ball ab,
- ⚽ A erläuft den Ball und schießt auf's Tor.

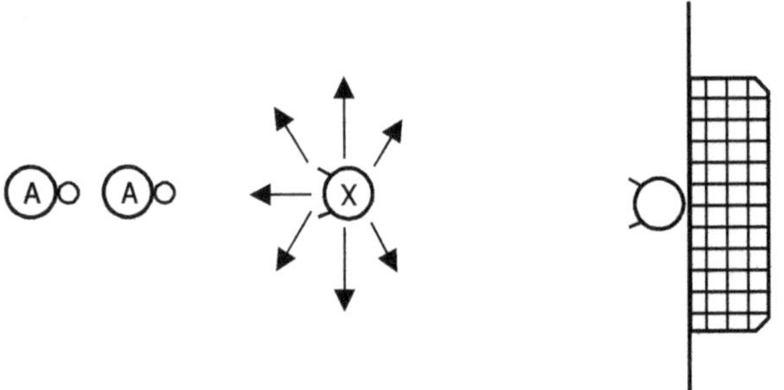

Ballablage / Vorlage durch Spieler X:
- ⚽ in alle Richtungen möglich
- ⚽ ohne Vorgabe oder
- ⚽ nach Vorgabe (Handzeichen)
  - a) des Angreifers oder
  - b) des Ablegers „X"

Torabschluss nach Doppelpass

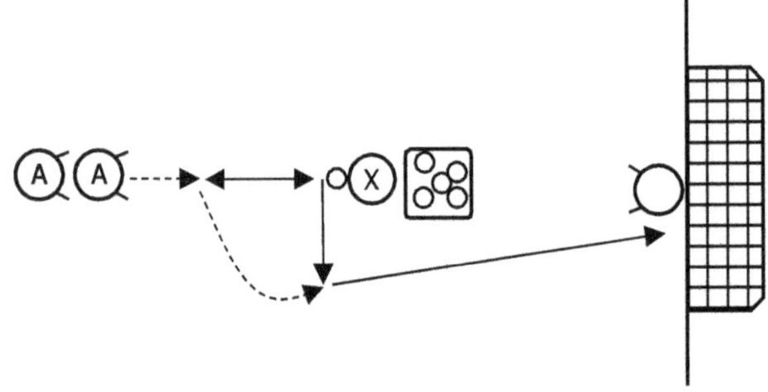

- ⚽ Spieler X oder Trainer spielt Spieler A an,
- ⚽ Spieler A spielt zurück auf X,
- ⚽ X legt den Ball ab,
- ⚽ Spieler A schließt auf's Tor ab.

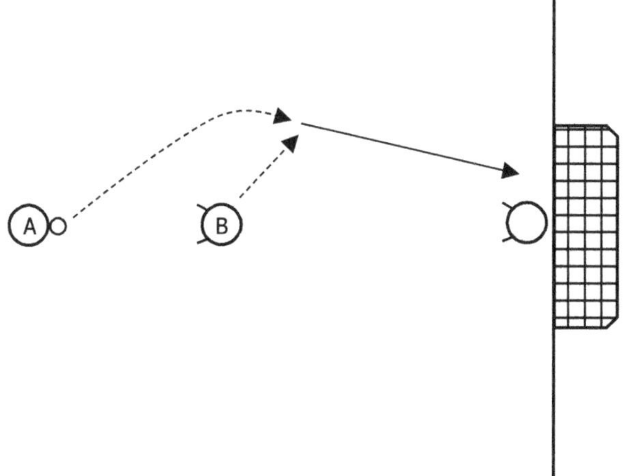

⚽ Spieler A versucht an Abwehrspieler B vorbeizukommen und

⚽ auf das Tor zu schießen.

Varianten

⚽ Entfernung zum Tor variieren.

⚽ Abschlusszone festlegen.

⚽ Abwehr-, bzw. Angriffskorridor festlegen.

Torabschluss unter Druck

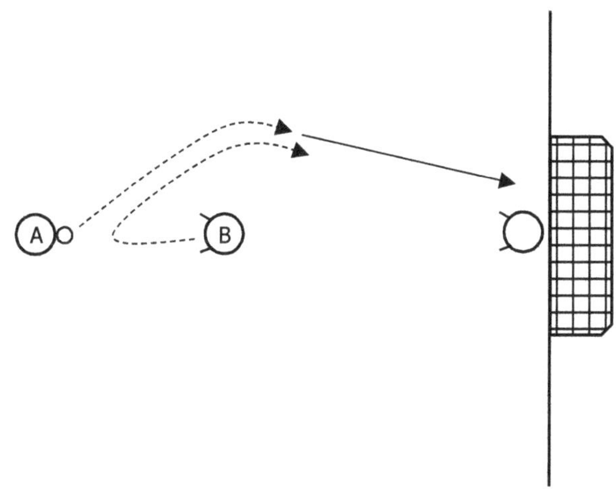

⚽ Der Abwehrspieler B rückt dem Angreifer A auf die Pelle.

⚽ Er begleitet ihn eng am Körper (mit/ohne Schulterkontakt),

⚽ greift aber nicht in den Ballweg ein, sondern

⚽ versucht ihn abzudrängen.

= Stresssituation für den Angreifer

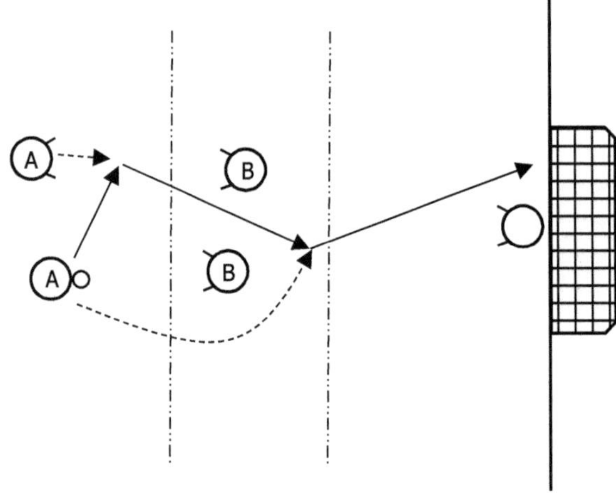

- ⚽ 2 Angreifer (hier A) spielen gegen 2 Abwehrspieler (hier B).
- ⚽ Die Angreifer versuchen an den Abwehrspielern vorbeizukommen und
- ⚽ auf´s Tor abzuschließen.

- ⚽ Die Abwehrzone kann begrenzt werden.

- ⚽ Angreifer : Abwehrspieler
  2:1, 1:2, 2:2, …

Schneller als die Abwehr

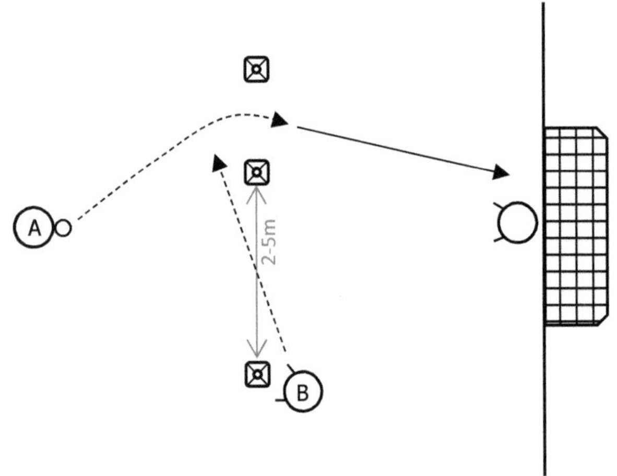

- ⚽ Spieler A dribbelt auf das Hütchentor zu,
- ⚽ Spieler B startet versetzt und versucht den Angreifer vor dem Hütchentor abzufangen.
- ⚽ Kommt der Angreifer durch das Hütchentor, bevor der Abwehrspieler ihn abfangen kann, schließt er in Ruhe ab.

- ⚽ Anzahl Angreifer und Abwehrspieler variieren.

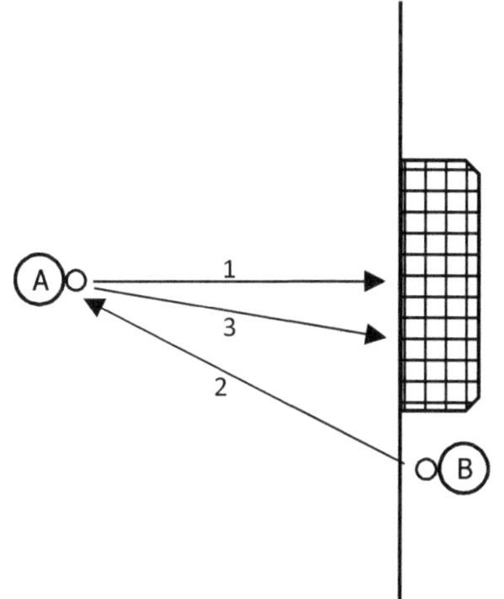

⊙ Spieler A schließt auf das Tor ab,

⊙ erwartet danach einen Ball von Spieler B (oder Trainer) und

⊙ verwertet anschließend auch diesen Ball.

Varianten

⊙ Mehrere Bälle hintereinander von B/T.

⊙ flache / hohe Bälle von Spieler B / Trainer.

⊙ Spieler A verwertet die Bälle von Spieler B / Trainer mit zwei Ballkontakten oder direkt.

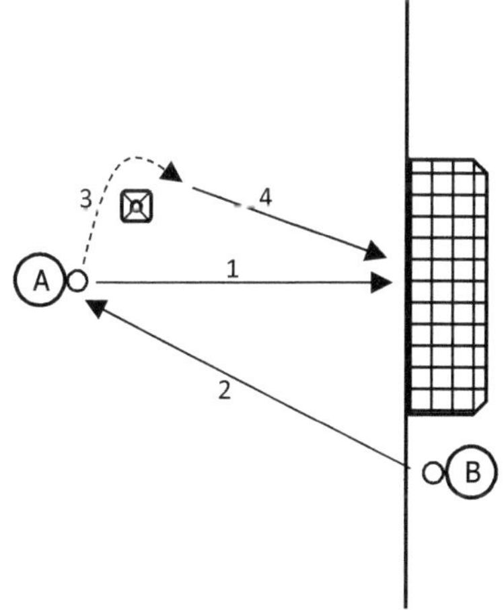

Steigerung: Zusatzaufgaben

⊙ Spieler A umläuft das Hindernis

   a) mit dem zweiten Ball oder

   b) vor Zuspiel des zweiten Balles (Annahme nach Hindernis)

und schließt schnellstmöglich ab.

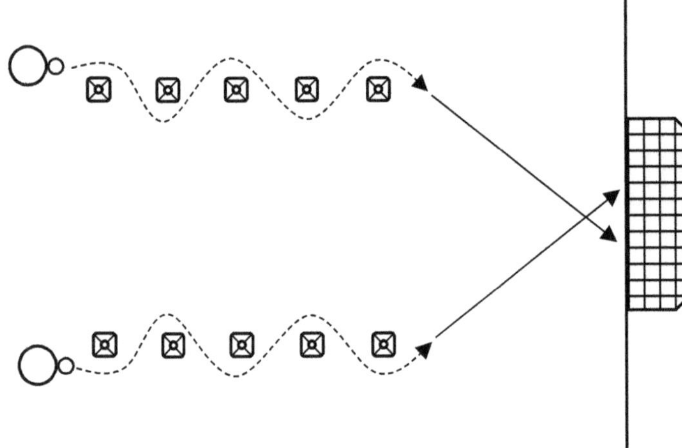

⚽ Spieler dribbeln Slalom und

⚽ schließen danach schnellstmöglich ab.

Entfernung zum Tor variiert nach Alter und Niveau.

Abwechselnd Slalom so beginnen (links oder rechts vor dem ersten Hütchen), damit das letzte Hütchen
a)   innen oder
b)   außen umlaufen wird.
= Erweiterung der Technik im Torabschluss.

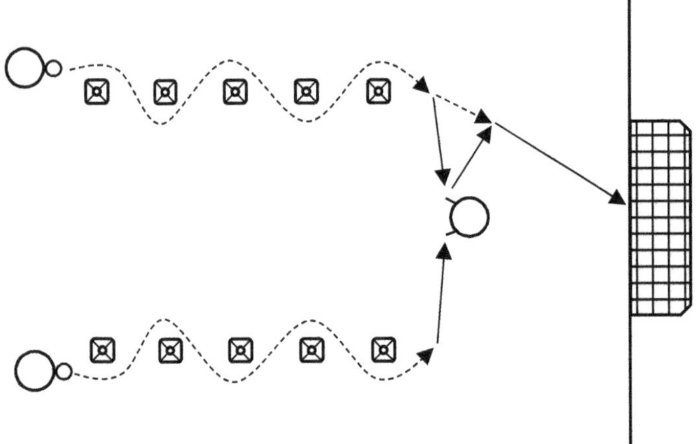

Steigerung 1

⚽ Ableger nach Slalom verwerten, Ball wird aufgelegt (Doppelpass)

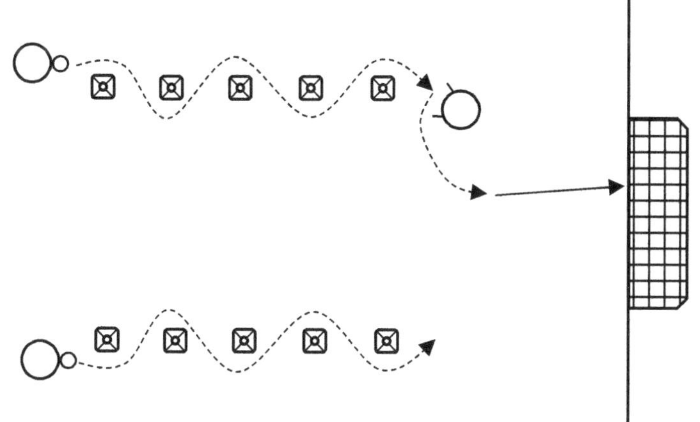

Torabschluss nach Slalom und Pass / Doppelpass

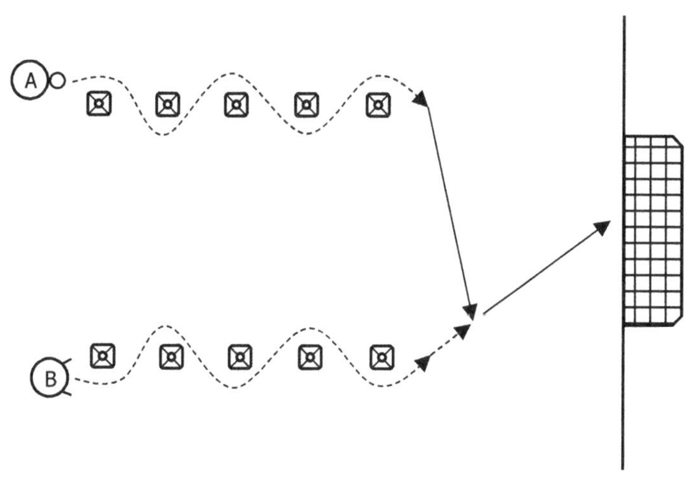

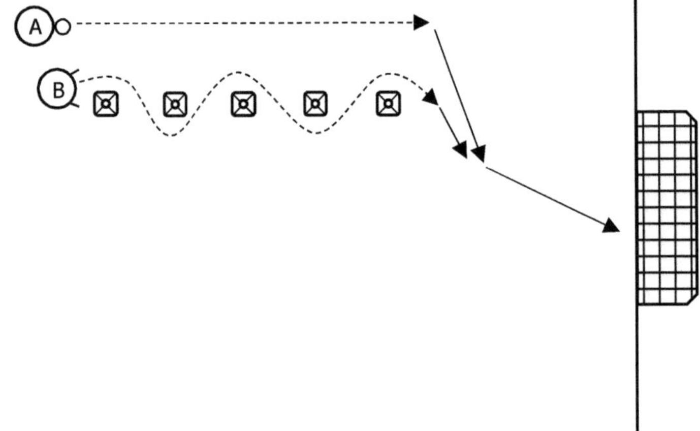

- ⚽ Spieler B läuft ohne Ball im Slalom,
- ⚽ Spieler A (mit Ball) neben dem Slalom geradeaus auf das Tor zu.
- ⚽ Spieler A spielt dem Slalomläufer in den Lauf,
- ⚽ Spieler B schließt ab.

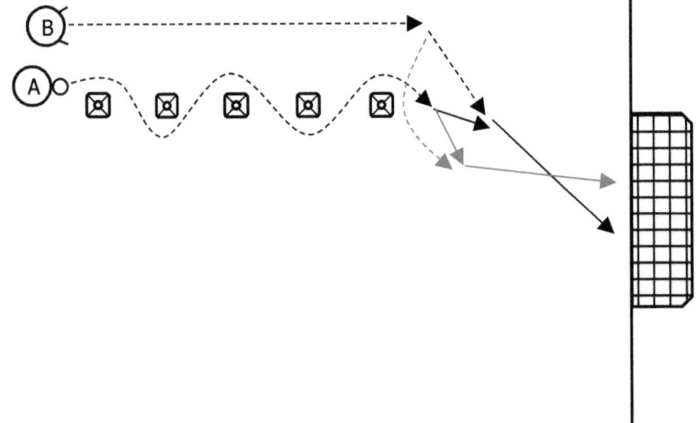

- ⚽ Spieler A läuft mit Ball durch den Slalom,
- ⚽ Spieler B sprintet neben dem Slalom geradeaus, kreuzt den Slalomspieler,
- ⚽ Spieler A spielt B in den Lauf,
- ⚽ Spieler B schließt ab.

Variante
Spieler B hinterläuft Spieler A nach dessen Slalom (grau).

Slalom immer von beiden Seiten trainieren!

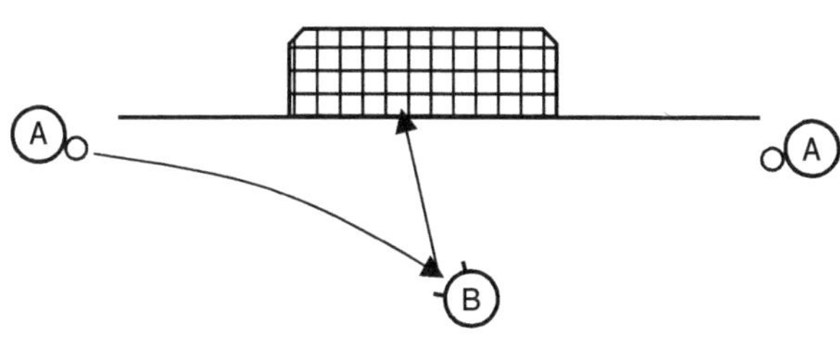

⚽ Spieler A flanken von beiden
Seiten (Grundlinie) Bälle vor das
Tor,

⚽ Spieler B verwertet die Flanken:
   a)   direkt
   b)   indirekt, nach Annahme

Entfernung der Flankenspieler zur
Torauslinie sollte variieren.

Flanke verwerten – Flanke nach Lauf

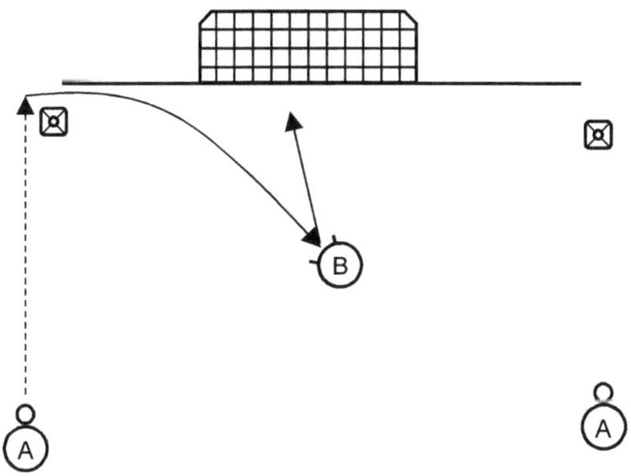

⚽ Spieler A dribbeln an der
Seitenlinie entlang zur
Grundlinie und

⚽ Flanken, abwechselnd, von
beiden Seiten Bälle vor das Tor,

⚽ Spieler B verwertet die Flanken:
   c)   direkt
   d)   indirekt, nach Annahme.

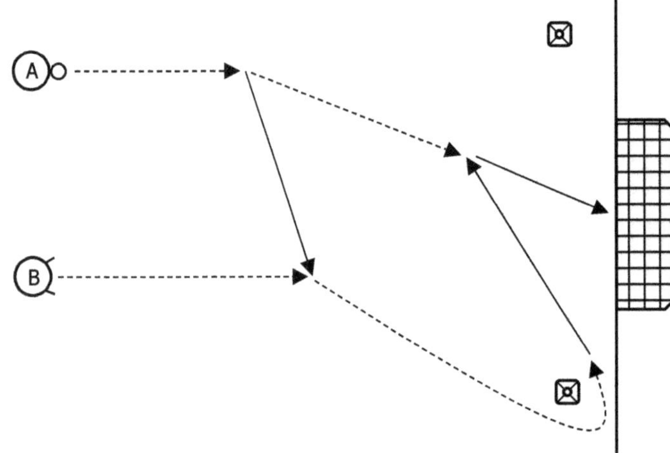

- ☉ Zwei Spieler (A mit Ball, B ohne) laufen parallel auf's Tor zu,
- ☉ Spieler A passt mit genügend Entfernung zum Tor auf Spieler B und
- ☉ läuft in den Strafraum / vors Tor,
- ☉ Spieler B nimmt den Ball mit,
- ☉ dribbelt zur Torauslinie, vom Tor weg (Hütchen) und
- ☉ spielt auf Spieler A
  - flache Bälle
  - hohe Bälle
- ☉ Torabschluss.

Zuspiel vors Tor von beiden Seiten trainieren!

Kreuzen

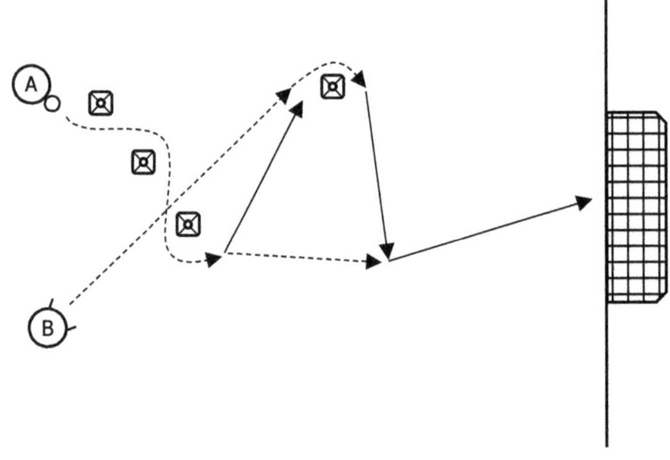

- ☉ Spieler A dribbelt durch einen diagonal angelegten Slalom,
- ☉ Spieler B kreuzt diese Bahn,
- ☉ Spieler A spielt nach dem Slalom den Ball zu Spieler B, B nimmt den Ball mit,
- ☉ Spieler A bringt sich vor dem Tor in Position und
- ☉ erwartet den Pass von Spieler B.

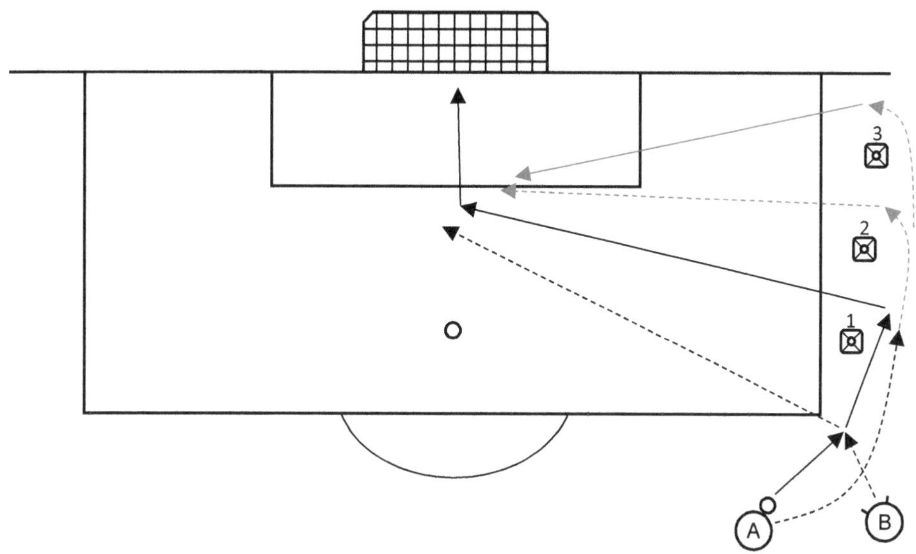

⊙ Spieler A spielt einen flachen Ball in den Laufweg von Spieler B und

⊙ hinterläuft Spieler B weiter in Richtung Hütchen 1,

⊙ Spieler B leitet den Ball weiter in die Laufrichtung von Spieler A und

⊙ sprintet in den Strafraum,

⊙ Spieler A nimmt den Ball mit und dribbelt zum Hütchen (2 oder 3),

⊙ von wo aus er den Ball in den Strafraum flankt.

⊙ Hütchen 1, 2, 3 variieren den Winkel der Flanke = der Flankengeber hat nicht immer die Zeit

bis an die Grundlinie zu dribbeln. Durch frühe Flanken wird das Spiel aber auch schnell

gemacht.

Nicht vergessen: Übung von beiden Seiten trainieren!

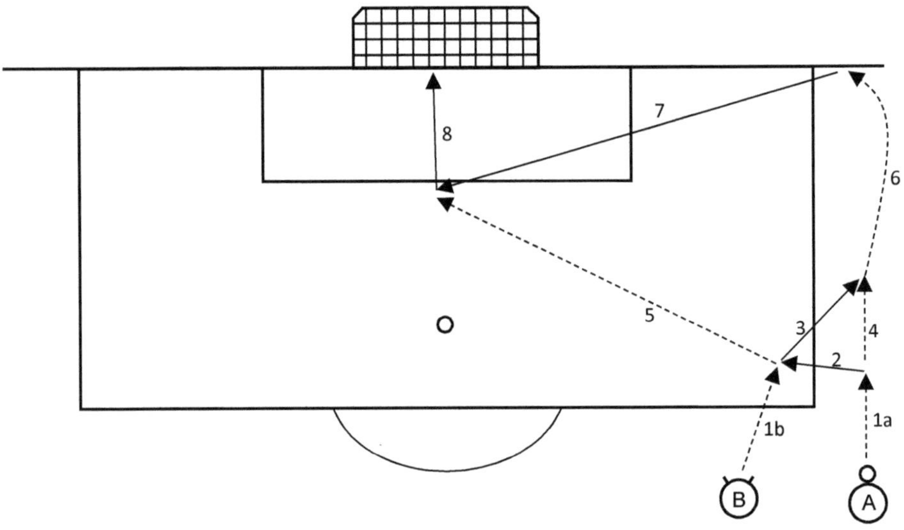

1)   a) Spieler A dribbelt an der Außenlinie entlang,

    b) Spieler B läuft in seine Laufrichtung, täuscht so ein Hinterlaufen an,

2)   Spieler A passt auf Spieler B,

3)   Spieler B spielt den Ball

4)   in den Lauf von Spieler A,

5)   Spieler B sprintet in den Strafraum,

6)   Spieler A nimmt den Ball mit und dribbelt zur Torauslinie,

7)   flankt den Ball in den Strafraum,

8)   Spieler B verwertet die Flanke.

Nicht vergessen: Übung von beiden Seiten trainieren!

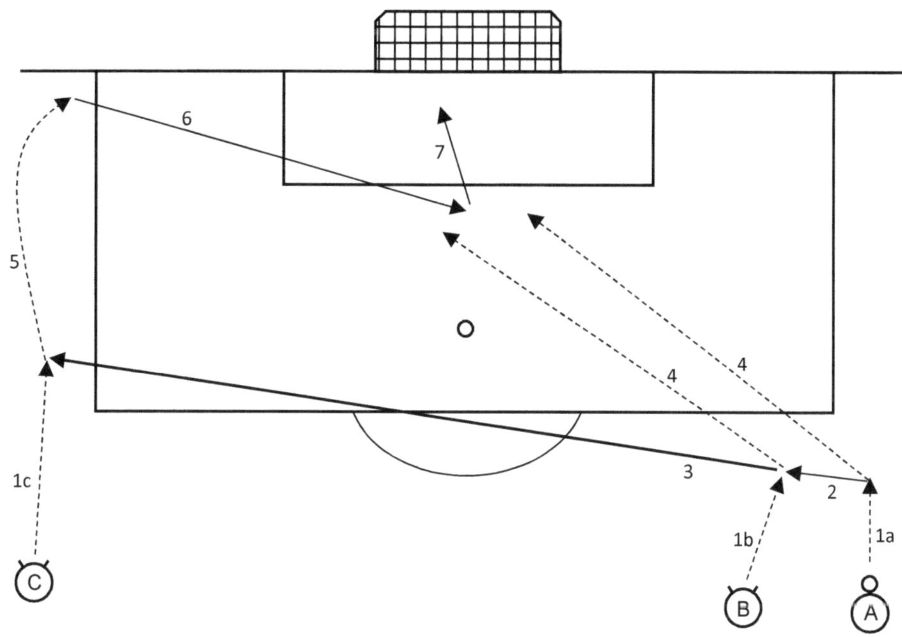

1) a-c: Spieler A (mit Ball), B und C in der Vorwärtsbewegung

   Spieler A und B hier an der rechten, Spieler C an der linken Außenlinie,

2) Spieler A spielt einen flachen Ball auf Spieler C, der sich leicht in Richtung A freiläuft und ein

   Hinterlaufen antäuscht,

3) Spieler B verlagert das Spiel mit einem Seitenwechsel auf Spieler C,

4) Spieler A und B sprinten in den Strafraum,

5) Spieler C nimmt den Ball mit zur Grundlinie und

6) flankt den Ball in den Strafraum, wo

7) er von den Spielern A und B verwertet wird.

Nicht vergessen: Übung von beiden Seiten trainieren!

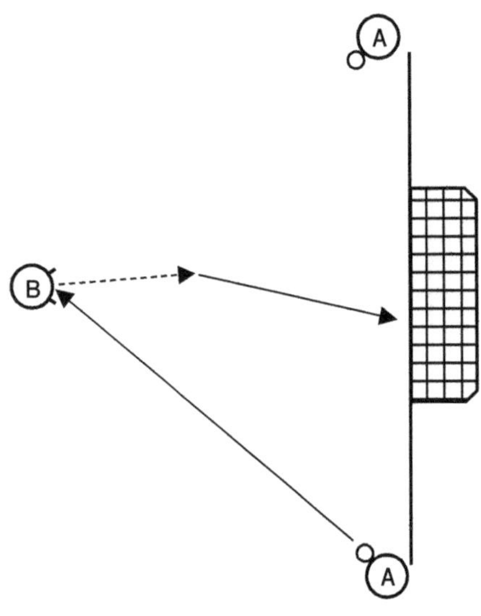

⚽ Spieler A spielen einen Bälle auf Spieler B,

⚽ B nimmt den Ball an,

    a)   mit an die Strafraumgrenze oder

    b)   mit in den Strafraum

⚽ und schließt ab.

Varianten:

Spieler A spielt

    a)   flache oder

    b)   hohe Bälle

in den Strafraum.

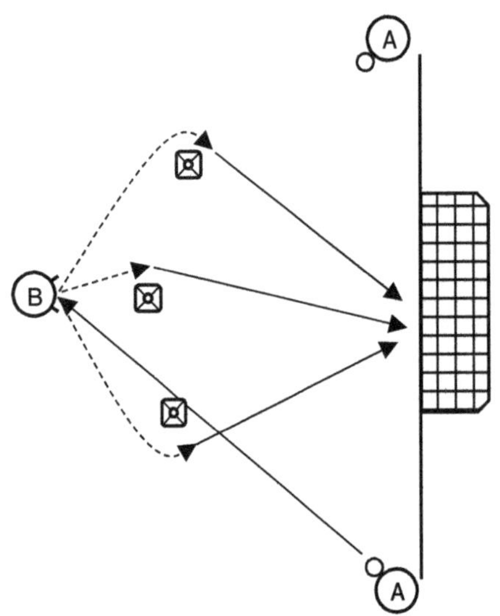

Steigerung

⚽ Verschiedene Winkel zum Torabschluss
(Hütchen: Trainer gibt ggf. Hütchen vor),

⚽ egal ob Links- oder Rechtsfuß:

⚽ Beidbeiniges Training!

Entfernung der Position zum Torabschluss variiert nach Alter und Niveau.

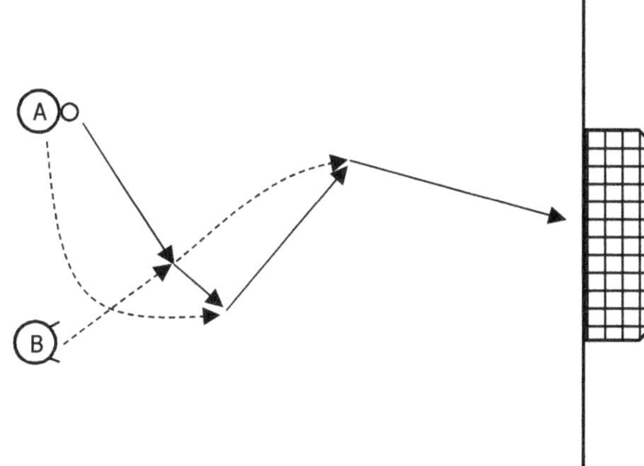

- ⚽ Spieler A spielt in den Lauf von Spieler B,
- ⚽ hinterläuft ihn,
- ⚽ Spieler B leitet den Ball sofort weiter in den Laufweg von Spieler A,
- ⚽ Spieler B sprintet in den Strafraum,
- ⚽ Spieler A passt den Ball in den Laufweg von Spieler B,
- ⚽ der schließt ab.

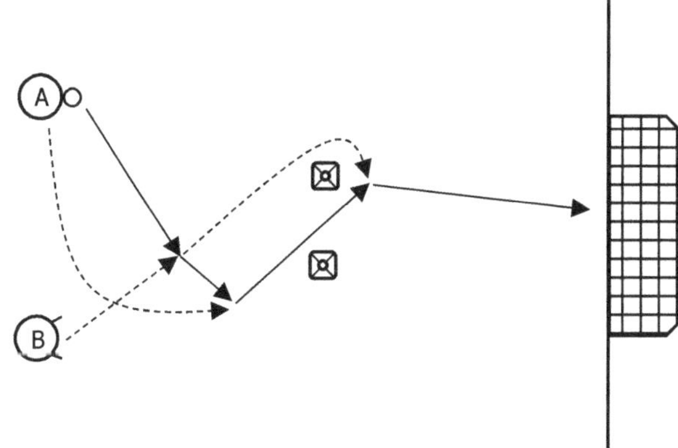

Steigerung: Gasse finden

- ⚽ Spieler B spielt den Ball durch die Gasse (Hütchen, später Abwehrspieler),
- ⚽ Spieler A läuft hier in die Gasse.

Gasse verschieben und Winkel verändern.

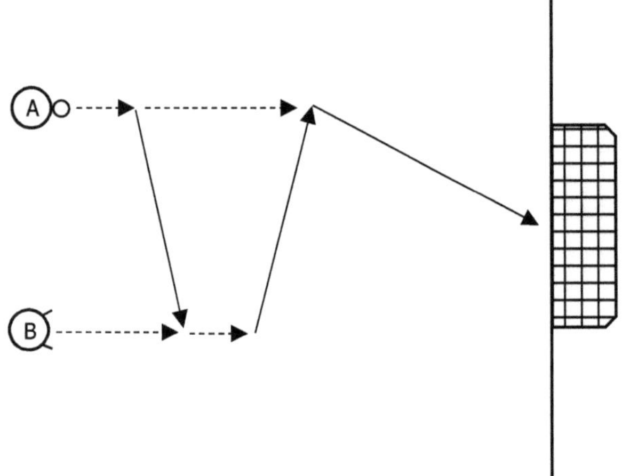

⚽ Spieler A und B passen sich den Ball zu ...

- einfacher Doppelpass
- mehrere Doppelpässe

⚽ Torabschluss (Entfernung zum Tor variiert nach Alter und Niveau).

Zweikampfverhalten trainieren

A)   1 Abwehrspieler vs. 2

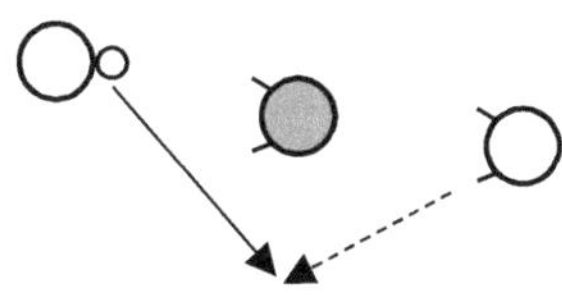

B)   1 Abwehrspieler vs. 3

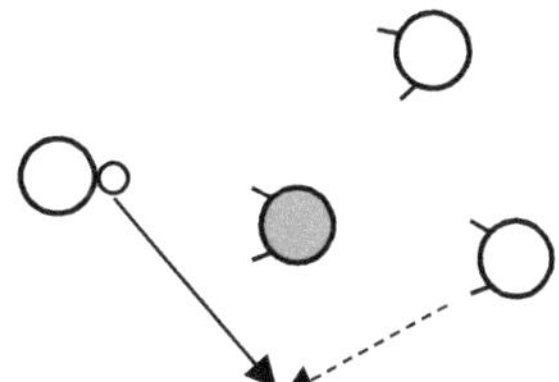

C)   2 Abwehrspieler vs. 3

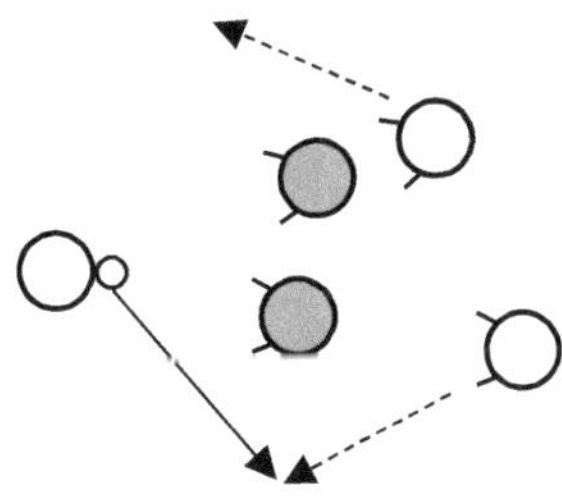

D)   2 Abwehrspieler vs. 4

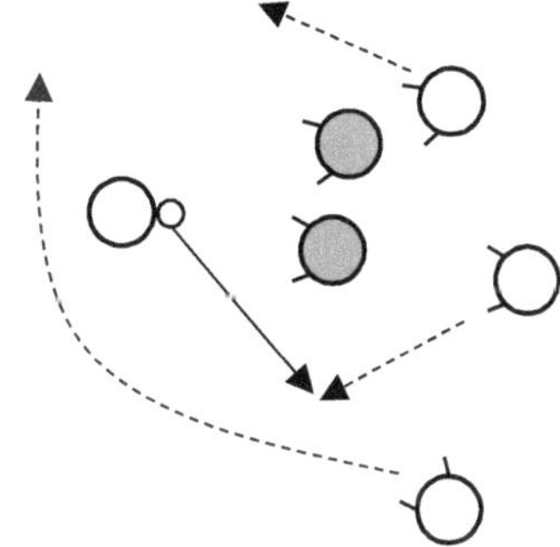

Das Spielfeld / Eckchen sollte (mit Hütchen) begrenzt werden!

- ⚽ Die Abwehrspieler (dunkel eingefärbt) versuchen den Ball zu erkämpfen, die Außenspieler (hell) versuchen sich den Ball so oft wie möglich zuzuspielen, ohne dass der Gegner den Ball berührt, bzw. erkämpft.

- ⚽ Erkämpft ein Abwehrspieler den Ball, wechselt dieser mit dem Spieler, der den Fehlpass gespielt hat, die Position und Aufgabe.

- ⚽ Bei mehreren Abwehrspielern wechselt der Spieler in das Außenteam, der
    a)   den Ball erkämpft hat
    b)   sich am längsten im Innenbereich aufgehalten hat.

Varianten:
- ⚽ Außenspieler spielen mit 3, 2 oder nur 1 Ballkontakt
- ⚽ Außenspieler bekommen einen Big-Point nach 10 Pässen
- ⚽ Abwehrspieler verbleiben im Innenbereich, bis der Trainer den Wechsel vorgibt

Eckchen verkehrt

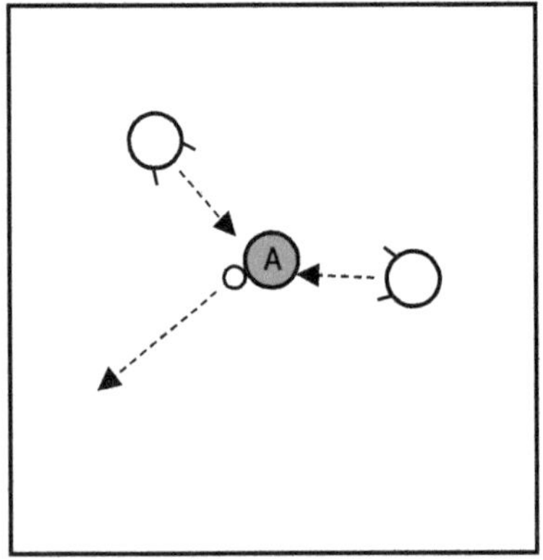

Der Ballführende Spieler (hier dunkel eingefärbt) versucht den Ball so lange wie möglich zu halten und vor den Gegenspielern abzublocken.

Das Spielfeld sollte begrenzt werden. Je nach Leistungsniveau ein kleineres Feld.

Varianten:

⚽ 1 vs. 2; 1 vs. 3; 2 vs. 3; 2 vs. 4

Gefahrenzone verlassen

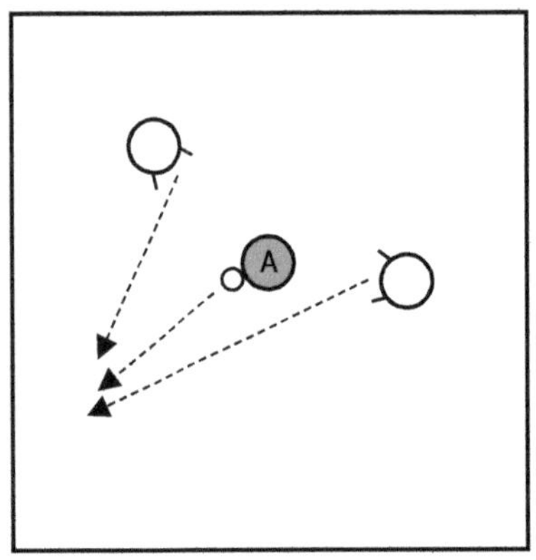

Der Ballführende Spieler (hier dunkel eingefärbt) versucht mit dem Ball das Spielfeld zu verlassen. Die Gegenspieler versuchen ihn daran zu hindern (Ball abnehmen oder blocken).

Das Spielfeld sollte je nach Leistungsniveau begrenzt werden.

Varianten:

⚽ 1 vs. 2; 1 vs. 3; 2 vs. 3; 2 vs. 4

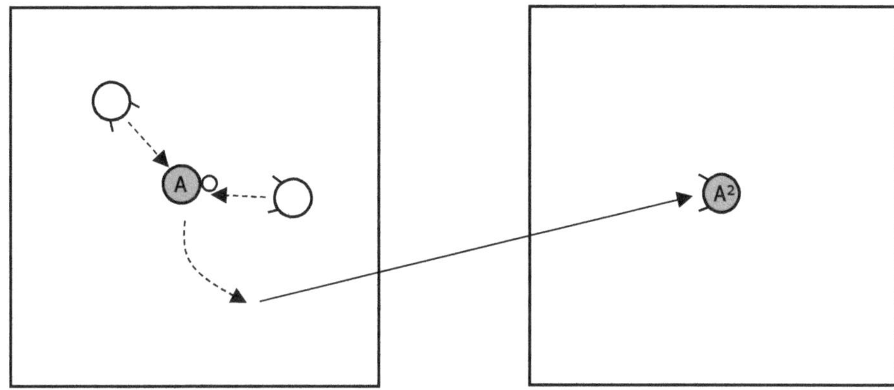

- Der Ballführende Spieler A (hier dunkel eingefärbt) versucht den Ball zu seinem Mitspieler A² in das Partnerfeld zu spielen,
- die Gegenspieler versuchen ihn daran zu hindern (Ballabnahme oder blocken).

- Gelingt es dem Spieler A den Ball in das Partnerfeld zu spielen,
- wechseln die Abwehrspieler das Spielfeld und versuchen nun den Spieler A² am erneuten Rückpass zu hindern.

Die Entfernung der Spielfelder variiert nach Spielniveau und Altersstufe: 5m – max. 20m.

Spieler A² sollte nicht sofort den Ball zurückspielen, sondern nach wenigstens 2 bis X Ballkontakten den Rückpass einleiten. So wird verhindert, dass die Abwehrspieler dem Ball aus der Mitte heraus nur noch nachschauen können (Tennis).

Varianten:
- Anzahl der Spieler erhöhen, ggf. auch Gleichzahl der Teams (2:2, 3:3, usw.).

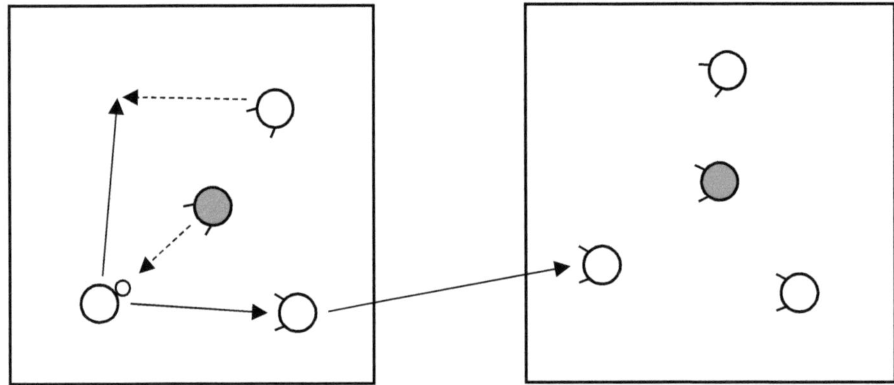

⚽ Das Ballführende Team versucht den Ball in das Partnerfeld zu den Mitspielern zu spielen, ein Gegenspieler versucht das Team daran zu hindern. Durch geschicktes Passspiel verschaffen sich die Spieler den freien Raum, damit sie einen sauberen Pass in das Partnerfeld spielen können.

⚽ Abspiel / Pass ins Partnerfeld nach:
   a)   einer bestimmten Anzahl an Abspielen innerhalb eines Eckchens
   b)   Ballgewinn durch den Gegenspieler (hier dunkel eingefärbt)
   c)   Kommando durch den Trainer
   d)   sich bietender Möglichkeit durch das ballführende Team

Die Entfernung der Spielfelder variiert nach Spielniveau und Altersstufe: 5m – max. 20m.

Varianten:
⚽ Anzahl der Spieler erhöhen, ggf. auch Gleichzahl der Teams (2:2, 3:3, usw.).
⚽ Ballkontakte der ballführenden Teamspieler begrenzen
⚽ Ball darf nicht zum Spieler zurückgespielt werden, welcher den Kurzpass gespielt hat
⚽ Pässe in bestimmter Reihenfolge: ballführende Spieler bekommen eine Nummer. In dieser Nummernfolge muss der Ball gespielt werden
⚽ Anzahl der Pässe begrenzen: nach 10 Kurzpässen innerhalb eines Eckchens muss der Ball in das Partnerfeld gespielt werden

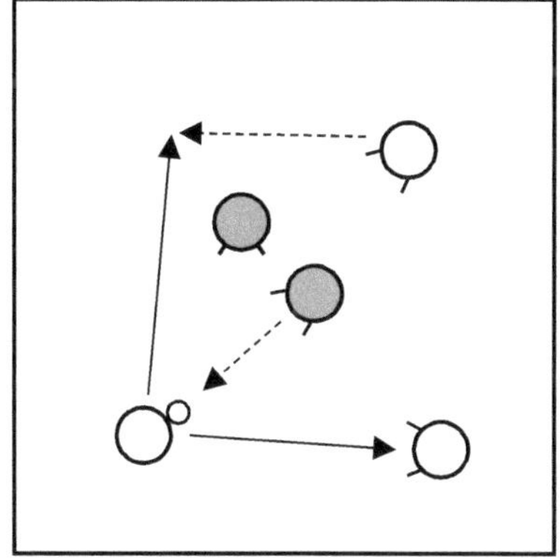 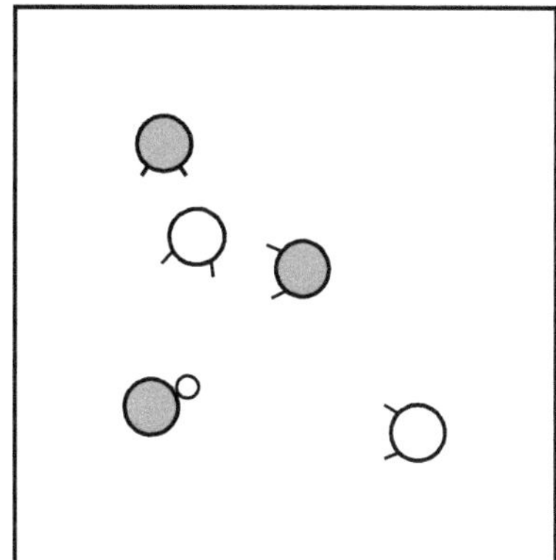

- ⚽ Hier spielen je zwei Teams (unterschiedliche oder gleichgroße Teamstärken) in je einem kleinen Spielfeld gegeneinander. Das ballbesitzende Team versucht den Ball so lange in der eigenen Reihe zu halten, wie möglich.
- ⚽ Der Trainer/Lehrer gibt ein Kommando zum Feldwechsel.
- ⚽ Die Teams sprinten in das jeweils andere Feld und das Spielchen geht weiter.
- ⚽ Der Ball:
   a) wird von den jeweiligen Teams mitgeführt und im anderen Feld weiter verteidigt
   b) verbleibt im Feld, das Team, das am schnellsten im anderen Feld ist, führt den Ball weiter.

Die Entfernung der Spielfelder variiert nach Spielniveau und Altersstufe: 5m – max. 20m.

Varianten:
- ⚽ Teamaufgaben:
   a) helles Team verteidigt den Ball in beiden Feldern
   b) im linken Feld verteidigt „hell" den Ball, im rechten „dunkel"
      (wird der Ball vom angreifenden Team erkämpft, bekommt dieses einen Punkt, der Ball geht an das abwehrende Team zurück)
- ⚽ Anzahl der Spieler erhöhen, ggf. auch Gleichzahl der Teams (2:2, 3:3, usw.).
- ⚽ Ballkontakte der ballführenden Teamspieler begrenzen
- ⚽ Ball darf nicht zum Spieler zurückgespielt werden, welcher den Kurzpass gespielt hat
- ⚽ Pässe in bestimmter Reihenfolge: ballführende Spieler bekommen eine Nummer. In dieser Nummernfolge muss der Ball gespielt werden
- ⚽ Anzahl der Pässe begrenzen: Big Point

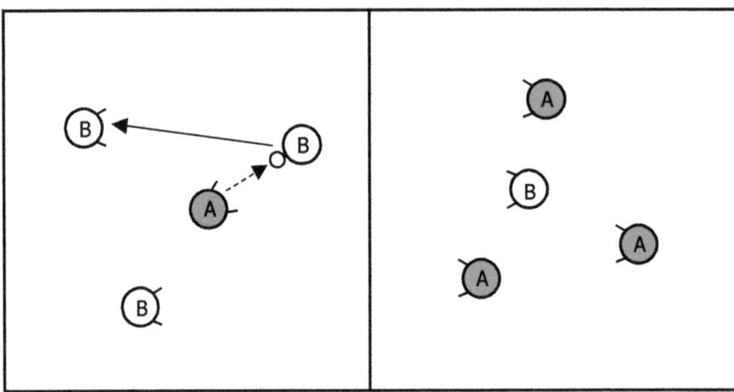

- Team A spielt gegen Team B, beginn in der linken Feldhälfte:
- Spieler A in der Mitte versucht den Ball von den Spielern B zu erkämpfen.
- Sobald Spieler A den Ball erkämpft hat, versucht er den Ball in die rechte Feldhälfte zu seinen Mitspielern zu spielen.
- Dort geht das Spiel von vorne los, allerdings versucht nun Spieler B den Ball von Team A zu erkämpfen, ff.

Die Entfernung der Spielfelder kann nach Spielniveau und Altersstufe variieren: 0m – max. 20m.

Varianten:
- Anzahl der Spieler erhöhen, ggf. auch Gleichzahl der Teams (2:2, 3:3, usw.).
- Ballkontakte der ballführenden Teamspieler begrenzen
- Ball darf nicht zum Spieler zurückgespielt werden, welcher den Kurzpass gespielt hat
- Pässe in bestimmter Reihenfolge: ballführende Spieler bekommen eine Nummer. In dieser Nummernfolge muss der Ball gespielt werden

Eckchen mit Außenspielern

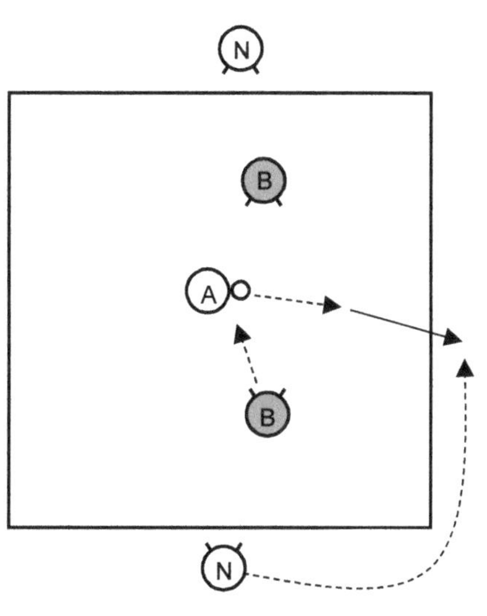

- Im kleinen Spielfeld versucht Spieler A den Ball zu behaupten.
- Er kann die neutralen (N) Spieler außerhalb des Feldes anspielen,
- sich freilaufen und
- den Ball von den neutralen Spielern zurückgepasst bekommen.

Variante:
- Die neutralen Spieler müssen direkt zurückpassen oder
- haben nur eine begrenzte Anzahl an Ballkontakten,
- die neutralen Spieler können sich (auch durch das Spielfeld) den Ball zupassen und so den Spieler A besser in Szene setzen.

Beachte:
- Die Spieler außerhalb des Spielfeldes müssen in Bewegung bleiben und sich aktiv anbieten.

1 vs. 1 mit je 1 Linientor

- 1 vs. 1
- Ziel: Mit dem Ball über die Torlinie dribbeln.

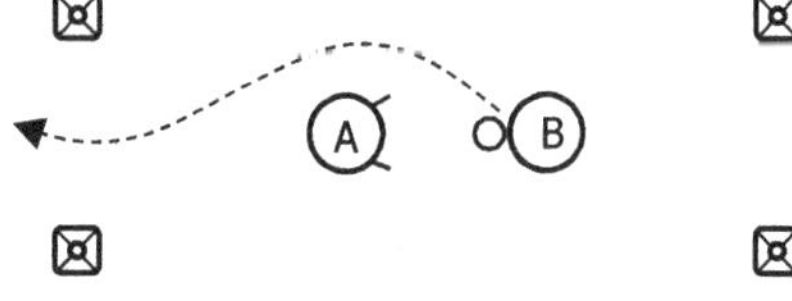

Variante
- Torlinie überlaufen von vorne und hinten möglich,
- Abwehrspieler darf <u>nicht durch</u> sein Tor laufen, muss bei der Abwehr sein Tor umlaufen, sollte der Angreifer ein Tor umlaufen, umso von der Rückseite das Tor zu erzielen.

1 vs. 1 mit mehreren Toren

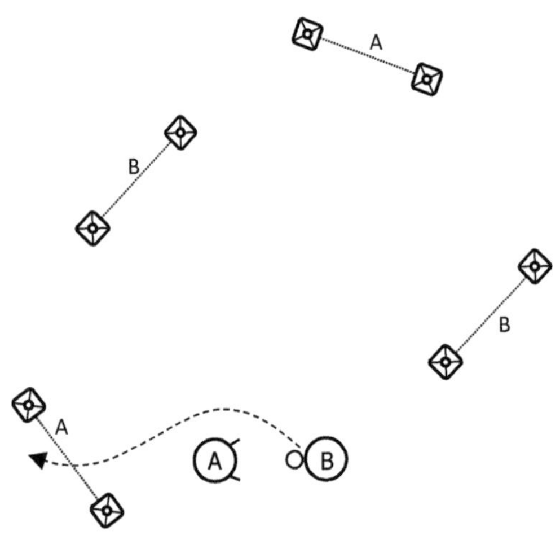

- ⚽ 1 vs. 1
- ⚽ Ziel: Mit dem Ball über die Torlinie dribbeln.

Varianten

- ⚽ Torlinie überlaufen von vorne und hinten möglich,
- ⚽ Abwehrspieler darf <u>nicht durch</u> sein Tor laufen, muss bei der Abwehr sein Tor umlaufen (siehe vorherige Übung).

Erweiterung

a) Die Spieler haben zugewiesene Tore zur Verteidigung (siehe Bild).
b) Die Spieler dürfen durch alle Tore laufen und punkten.

Weitere Varianten

- ⚽ 1 vs. 1 – mit je 1 festen Torhüter und festen Toren

  (bei mehreren Toren muss der Torhüter ebenfalls schnell das Tor wechseln)

- ⚽ 2 vs. 2 Spieler

  Mit und ohne Torhüterspiel

2 vs. 2 mit König

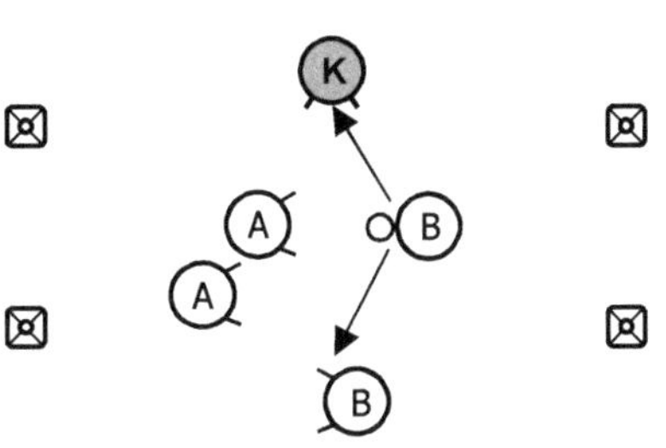

- ⚽ 2 vs. 2
- ⚽ Ziel: Mit dem Ball über die Torlinie dribbeln.
- ⚽ Der König gehört immer zum ballführenden Team.

Varianten

- ⚽ Der König darf für das ballführende Team
  - a) Tore erzielen
  - b) keine Tore erzielen (Spielmacher im Mittelfeld)

2 vs. 2 – Torpass

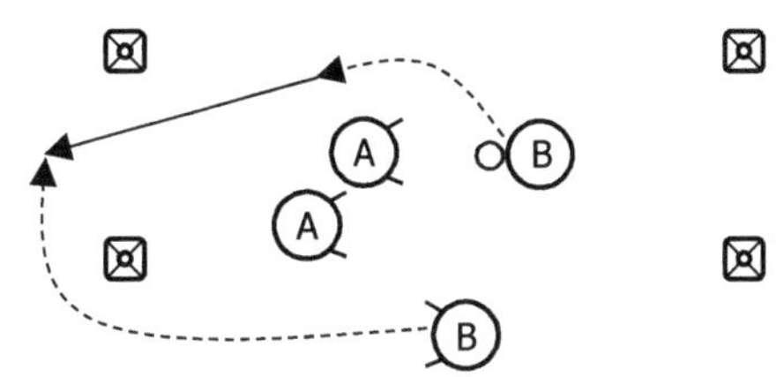

- ⚽ 2 vs. 2
- ⚽ Tor = Pass durch das Tor,
- ⚽ der Mitspieler muss den Pass kontrollieren können.

- ⚽ Torbreite variieren, sodass die Abwehrspieler das Tor nicht vollständig blockieren können!

Varianten

- ⚽ 3 vs. 3, …
- ⚽ Torpässe von beiden Seiten möglich.

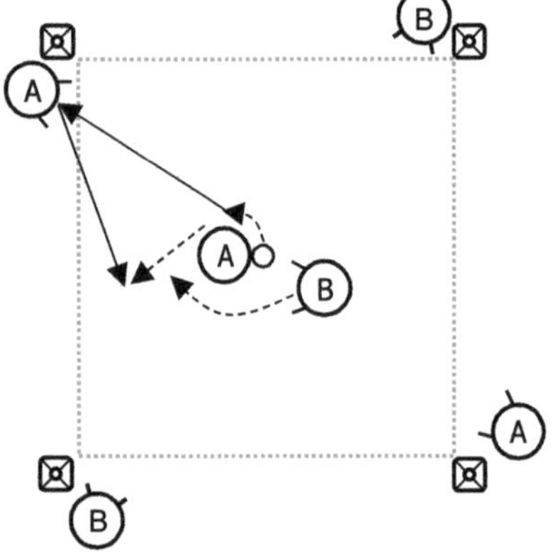

- ⚽ Zweikampf im Innenfeld
- ⚽ Ziel: Ball so lange halten wie möglich

- ⚽ Die Innenspieler können mit deren Außenspielern einen Doppelpass spielen,
  a) feste Mitspieler im Außenfeld.
  b) keine festen Mitspieler, jeder Außenspieler kann von beiden Innenspielern angespielt werden.
- ⚽ Die Außenspieler bleiben an ihren zugewiesenen Hütchen und außerhalb des Spielfeldes.

Wechselvarianten Außen- mit Innenspieler

- ⚽ nach bestimmter Zeit,
- ⚽ Vorgabe des Trainers/Lehrers,
- ⚽ nach 10 Doppelpässen in Folge oder
- ⚽ mit dem jeweiligen Außenspieler nach einem Anspiel.

Varianten

- ⚽ Innenfeld: 2 vs. 2 (3 vs. 3)
- ⚽ Außenspieler dürfen sich zwischen zwei Hütchen frei bewegen, bleiben aber außerhalb des Spielfeldes

2 vs. 2 auf 1 Tor

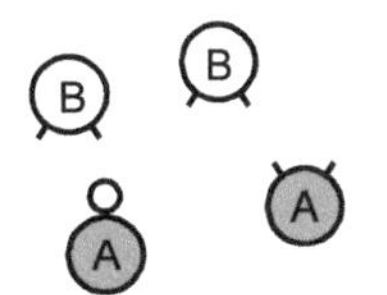

Spiel auf 1 Tor mit Torwart oder ein schmales Tor aus Hütchen ohne Torwart

- ⚽ Spieler A gegen Spieler B.
- ⚽ Erkämpft das abwehrende Team (hier B) den Ball, muss der Ball vor einem Angriff durch Team B um das Hütchen im Hintergrund geführt werden (3x3-Basketball-Regeln).
- ⚽ Erzielt ein Team ein Tor, geht der Ball an das gegnerische Team, mit dem Startpunkt: Hütchen.
- ⚽ Verliert hier Team A den Ball und erkämpft ihn sich sofort wieder zurück, müssen die Spieler A nicht zum Hütchen, sondern können ihren Angriff fortsetzen.

Varianten:
- ⚽ 3:3, 4:4, …
- ⚽ Ballkontakte begrenzen
- ⚽ Pässe begrenzen

2 vs. 2 mit 2 Toren

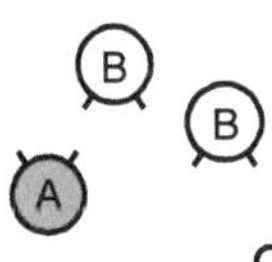

Spiel auf 2 Tore mit Torhütern oder schmalen Toren aus Hütchen (ohne Tw)

- ⚽ Team A vs. Team B.
- ⚽ Ziel: Gegnerisches Team ausspielen und
- ⚽ Tore erzielen.

Varianten:
- ⚽ 3:3, 4:4, …
- ⚽ Ballkontakte begrenzen
- ⚽ Pässe begrenzen

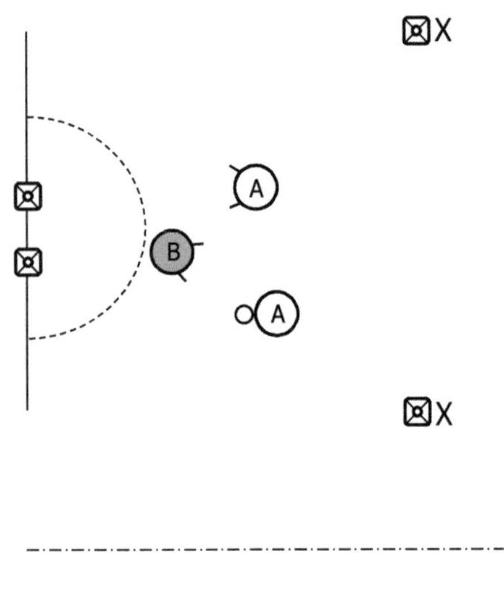

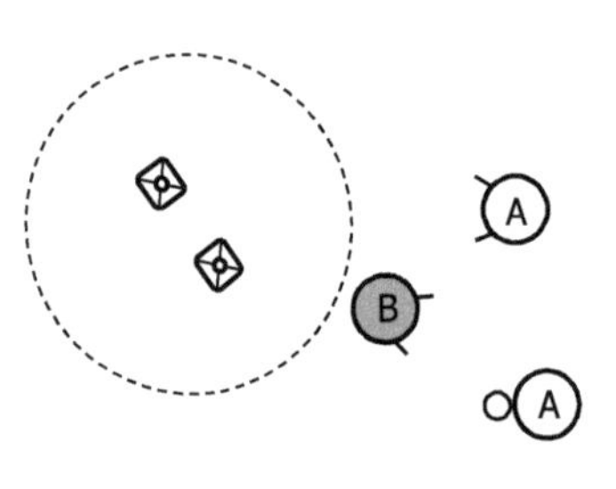

Spiel im Kleinfeld auf ein kleines Tor mit Tabuzone

- Tor: 1-2m (Hütchen)
- Tabuzone: Halbkreis, Größe variiert

- Angriffsspieler (hier A) versuchen den Verteidiger (B) auszuspielen und außerhalb der Tabuzone zum Torabschluss zu kommen.
- Auch der Abwehrspieler darf nicht in die Tabuzone treten (ähnlich Handball).
- Erkämpft der Abwehrspieler den Ball, schlägt er diesen aus der Gefahrenzone in Richtung Mittellinie, Außen (Hütchen X) = kontrollierter Befreiungsschlag.

Varianten:
- Bei Ballgewinn versucht der Abwehrspieler mit dem Ball zu einem der Hütchen X zu dribbeln.

  Zu Beginn sollte nach dem Gewinn des Balles durch den Abwehrspieler die Übung zu Ende sein = Übung langsam steigern.

Steigerung1
- Angriffsspieler pressen und versuchen den Ball wieder zu erkämpfen, um erneut auf das Tor zu gehen (2. Ball).

Steigerung 2 (untere Grafik)
- Hier können die Angriffsspieler (A) das Tor von beiden Seiten erzielen.
- Die Tabuzone wird automatisch zu einem Kreis um das Tor.
- Der Abwehrspieler darf durch die Tabuzone laufen, muss sich aber außerhalb zur Abwehr positionieren.

- Gleichzahl der Abwehr- und Angriffsspieler.
- Überzahl der Abwehr oder Angriffsspieler.

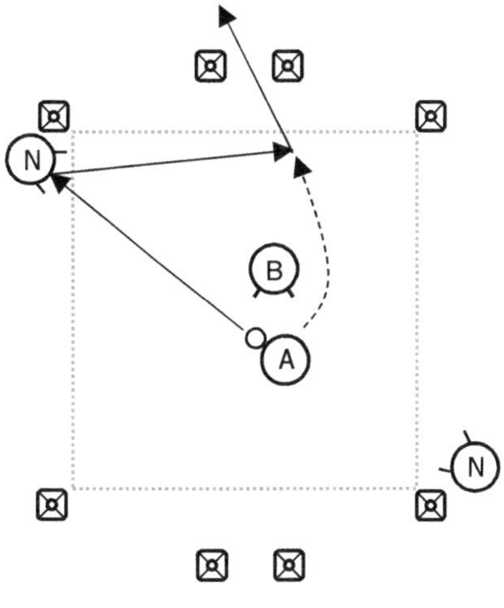

⚽ Spieler A versucht das obere Tor anzugreifen, Spieler B auf das untere Tor.

⚽ Die Außenspieler (N) dürfen kein Tor erzielen.

⚽ Die Spieler im Innenfeld (A und B) können durch gezieltes Abspiel <u>mit beiden Außenspielern</u> (N) den Gegner ausspielen.

Varianten:

⚽ Außenspieler (N) dürfen mit dem Ball an der Außenlinie entlang dribbeln.

⚽ Außenspieler (N) spielen mit begrenzten Ballkontakten.

⚽ Jedem Innenspieler wird ein Außenspieler zugeteilt, den nur dieser anspielen darf.

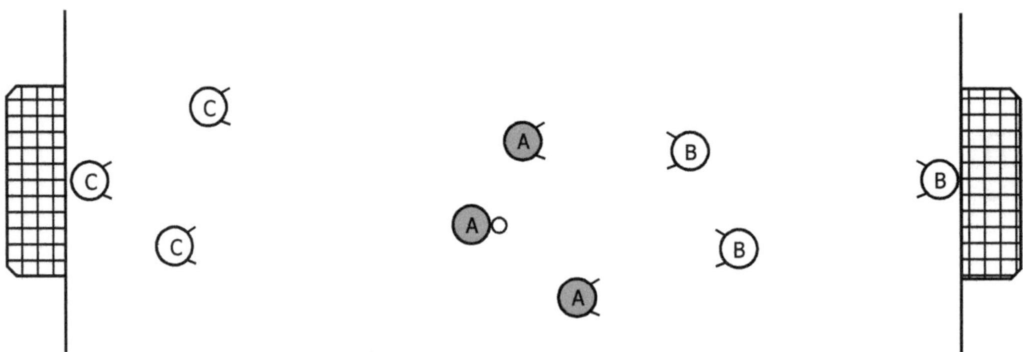

- ⚽ Bei den abwehrenden Mannschaften stellt sich ein Spieler ins Tor.

- ⚽ Bild: Team A spielt zuerst nach rechts gegen Team B.

- ⚽ Nach Torabschluss (egal ob erfolgreich oder nicht) wechseln die Teams:

  Team B greift nach links Team C an, Team A wird zur abwehrenden Mannschaft rechts.

Varianten:

- ⚽ Teamstärken variieren

- ⚽ Ballkontakte begrenzen

- ⚽ Pässe begrenzen

- ⚽ Nur 1 Team (hier A) greift auf beide Tore an (Wechsel der Teams nach Anweisung)

- ⚽ Wechsel der Teams nur bei Abwehrerfolg (kein Tor)

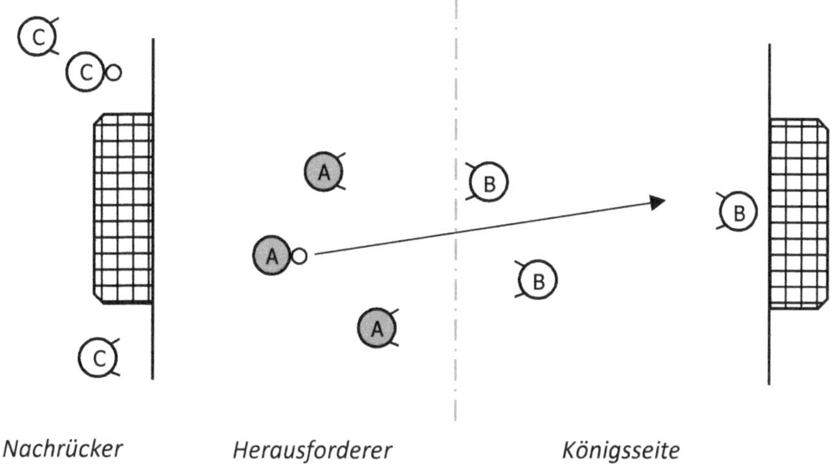

- Team A spielt gegen Team B.

- Erzielt **Team A** ein Tor, wechselt …
  - Team A auf die Königsseite,
  - Team B hinter das linke Tor auf die Nachrücker-Position,
  - Team C auf die Herausforderer Position und <u>bringt den neuen Spielball mit ins Spiel</u>.

- Erkämpft **Team B** den Ball und erzielt ein Tor gegen die Herausforderer, verbleibt
  - Team B auf der Königsseite,
  - Team A verlässt das Feld hinter das linke Tor, auf die Nachrücker-Position,
  - Team C rückt auf die Herausforderer Position und <u>bringt den neuen Spielball mit ins Spiel</u>.

- Das Team, das zuerst z.B. 10 Tore erzielt, gewinnt das Königsspiel.

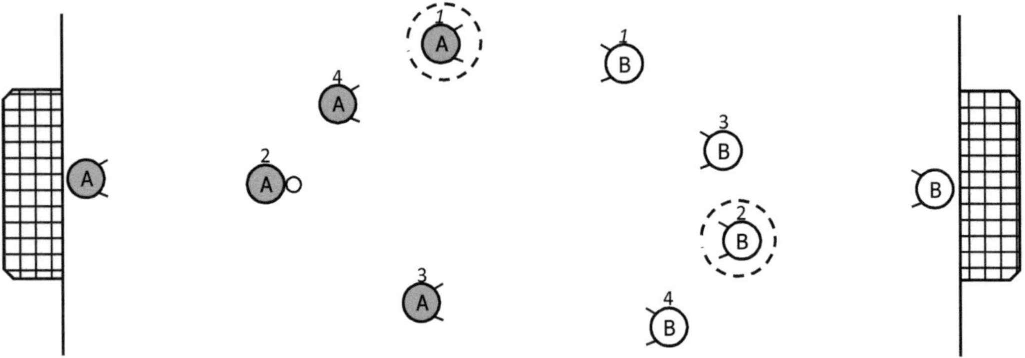

⚽ Zwei Teams spielen gegeneinander …

> ➢ auf 2 Tore mit Torhütern
> ➢ auf 2 Tore aus Hütchen, ohne Torhüter

⚽ In jedem Team darf <u>nur ein bestimmter Spieler</u> Tore erzielen:

a) Torschütze mit Leibchen oder Parteiband markieren,

oder

b) Spieler nicht markieren => Trainer/Lehrer bestimmt die Torschützen,

- gegnerisches Team erfährt diese Auswahl nicht, logischerweise erst beim Torabschluss.
- Nach dem Torabschluss könnte ein neuer Torschütze benannt werden, oder
- Trainer/Lehrer bestimmt eine feste Reihenfolge der Torschützen in den Teams.

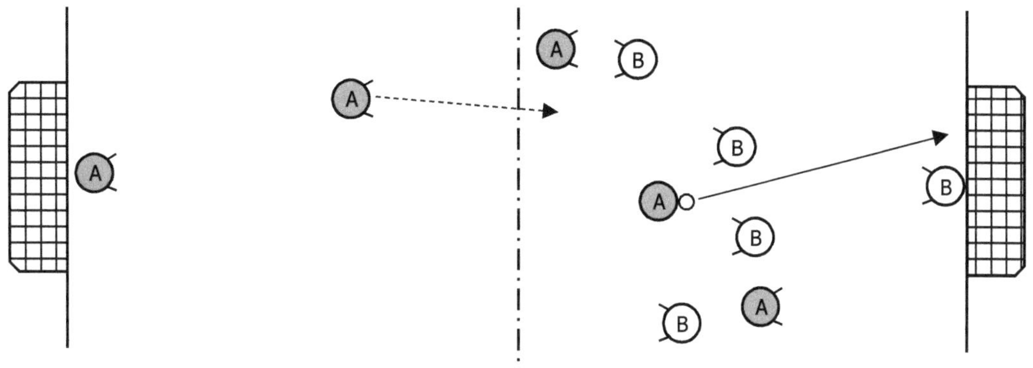

☺ 2 Teams spielen gegeneinander auf 2 Tore oder Hütchentore.

☺ Ein Tor kann nur erzielt werden, wenn sich **<u>alle Spieler</u>** des angreifenden Teams in der gegnerischen Feldhälfte befinden (Ausnahme: Feste Torhüter).

Varianten

☺ Torhüter muss sich bei einem Torabschluss ebenfalls in der gegnerischen Feldhälfte befinden

☺ Ballkontakte begrenzen

☺ Passanzahl begrenzen

☺ Zeit für Angriff begrenzen

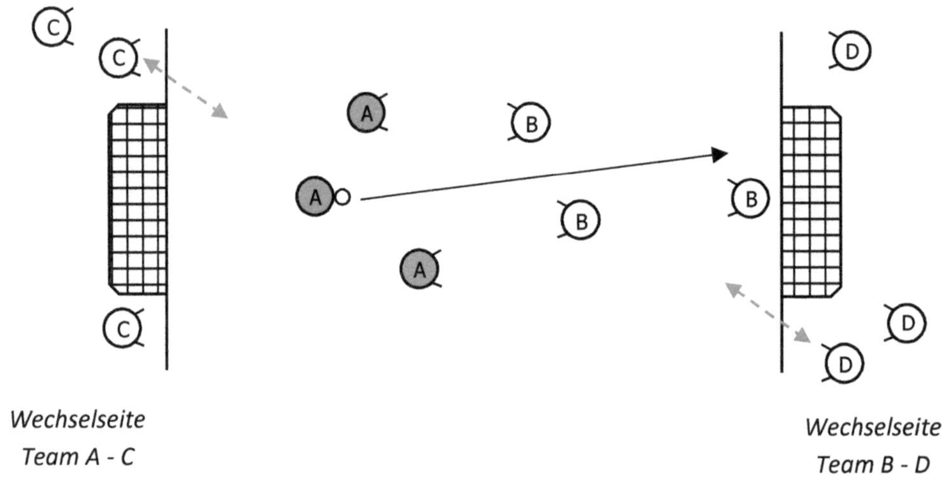

⚽ 2 Teams spielen auf dem Feld gegeneinander (hier A vs. B).

⚽ Gewechselt wird nach einem Torerfolg:

> Bsp.: Kassiert hier Team B ein Tor, wechselt Team B mit Team D,
>
> Team A bleibt auf dem Feld.

Oder

> Beide Teams wechseln mit ihren Hintermannschaften.

Koordination und Ballsicherheit

Ball- und Passsicherheit trainieren

Spielfeld ggf. eingrenzen (Hütchen)

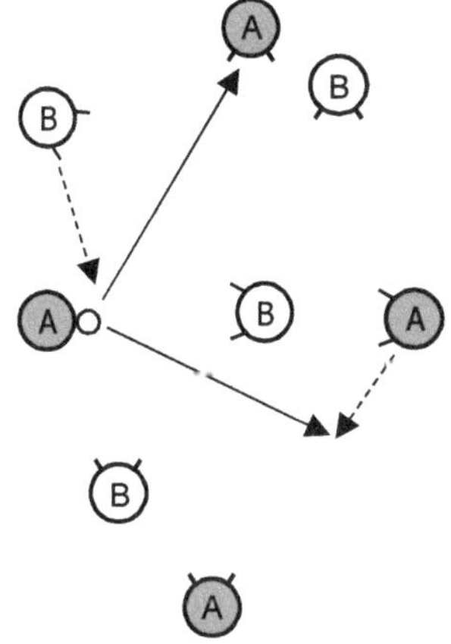

- Team A spielt gegen Team B.
- Ziel ist es, innerhalb des Teams den Ball 10x abzuspielen.
- Der Ball muss nach dem Abspiel kontrolliert werden.
- Erreicht ein Team 10x saubere Pässe, gibt es einen **BigPoint** und der Ball geht an das gegnerische Team.
- Kann hier z.B. ein gegnerischer Spieler B einen Pass stören, der Ball verbleibt dennoch bei Team A, beginnen diese wieder bei „Null".
- Erkämpft sich hier das Team B den Ball, beginnen diese sich den Ball zuzuspielen.

Steigerung

- Die jeweils annehmenden Spieler zählen laut die die Pässe mit (kognitives Training).
- Zählt ein Spieler seine Ballannahme nicht laut mit, beginnt das Team wieder bei „Null" oder
- der Ball geht ans gegnerische Team.

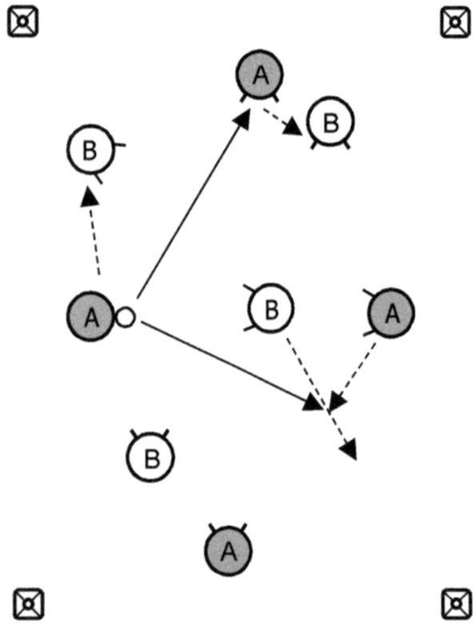

- ⚽ Das ballbesitzende Team (hier A) versucht gegnerische Spieler zu fangen, dabei müssen sie den Ball mitführen.

- ⚽ Ein Spieler kann nur fangen, indem er den Ball führt.

- ⚽ Durch gezieltes Laufspiel ohne Ball und Passspiel spielen sich die Fänger den Ball so zu, dass sie optimal zu einem gegnerischen Spieler stehen und diesen abklatschen können.

- ⚽ Durch die Begrenzung des Spielfeldes wird der Bewegungsradius des zu fangenden Teams eingeschränkt.

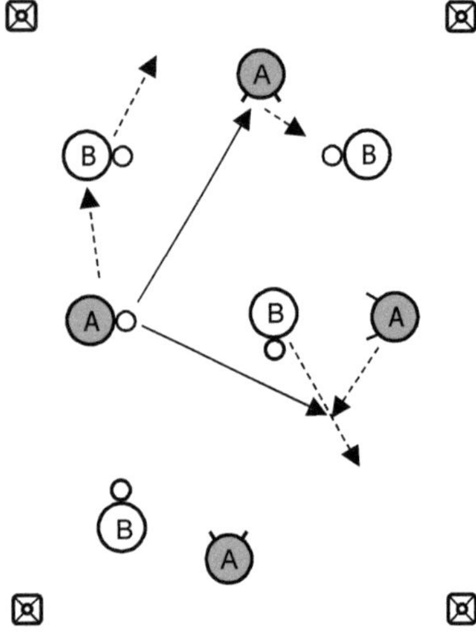

- ⚽ Wird ein gegnerischer Spieler gefangen …
  a) wechselt die Fangaufgabe auf das gegnerische Team, oder
  b) ein Team muss z.B. 10x fangen, bis die Aufgabe wechselt, oder
  c) gefangene Spieler sind aus dem Spiel raus. So endet das Spiel, wenn alle gegnerischen Spieler gefangen sind.

Erleichterung

- ⚽ Die zu fangenden Spieler (hier B) führen alle selbst einen Ball.

Fang den freien Spieler

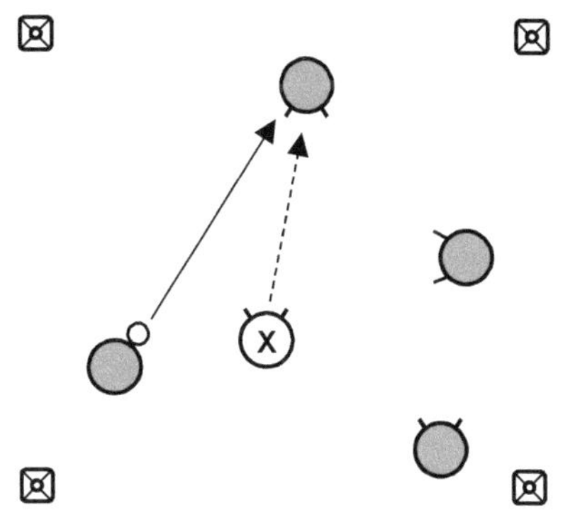

- ☉ Spieler X versucht einen Spieler zu fangen.
- ☉ Er darf aber nur einen Spieler OHNE Ball fangen.
- ☉ Die zu fangenden Spieler passen sich den Ball geschickt zu und verhindern das Fangen eines Mitspielers.
- ☉ Wird ein Spieler ohne Ball gefangen, wird dieser zum Fänger.

Überblick nicht verlieren: 4 Teams – 4 Tore

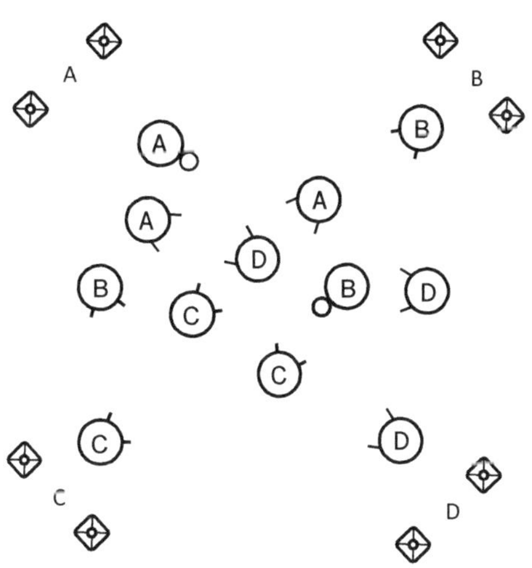

Nur den Kopf nicht verlieren, und den Überblick behalten:

- ☉ 4 Teams spielen auf 4 kleine Tore.
- ☉ **Ziel**: Ball über die Linie spielen oder mit dem Ball über die Linie dribbeln, **Variante**: von beiden Seiten möglich.

- ☉ Hier spielen Team A vs. D und Team B vs. C.

- ☉ Der Übungsleiter gibt immer wieder vor, welche Teams gegeneinander spielen.
  Wichtig: Vorgabe, welches Team den Ball bekommt (vermeide, dass zwei Teams gegeneinander spielen sollen, aber keinen Ball haben)

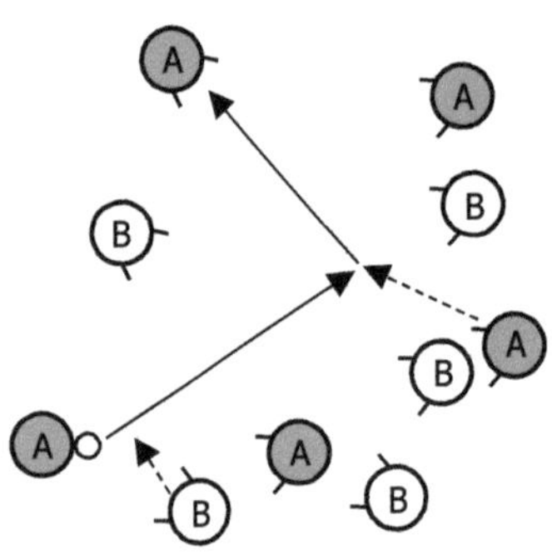

- ⚽ Team A gegen Team B (ggf. Feld eingrenzen).
- ⚽ Das ballführende Team versucht sich den Ball 10x direkt zuzupassen,
- ⚽ Spieler B versuchen die Doppelpässe zu unterbinden, bzw. den Ball zu erkämpfen.
- ⚽ Unterbindet ein Gegenspieler einen Doppelpass, beginnt die Zählung wieder bei „Null",
- ⚽ das Paar, das sich den Ball erkämpft beginnt zu passen und bei „Null".
- ⚽ 10 direkte Doppelpässe = 1 BigPoint.
- ⚽ Der Ball geht nach einem BigPoint **NICHT** an das gegnerische Team, es wird versucht so viele BigPoints in Serien zu sammeln wie möglich.

Wichtig bei diesem Spiel ist die Bewegung der Mitspieler ohne Ball = **freilaufen**!

Variante

- ⚽ Bei ungerader Anzahl der Spieler, kann mit einem „JOKER" gespielt werden.
  Der Joker wird anders als die Teams A und B gekennzeichnet (Leibchen oder Parteiband) und spielt immer mit dem Team, welches den Ball führt.

- ⚽ Jeder Spieler der Teams hat einen festen Gegenspieler (Altes, leider vergessenes Abwehrsystem: „Und wenn dein Gegenspieler auf die … *wohin auch immer* … geht, gehst du mit!")

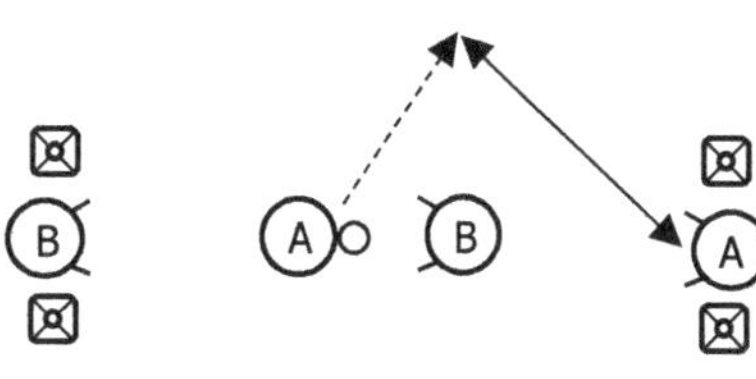

⚽ Spieler A versucht den Ball so lange wie möglich zu halten und

⚽ kann dabei immer wieder seinen Außenspieler (Spieler A zwischen den Hütchen rechts) anspielen.

Variante

a) Außenspieler dürfen den Ball so lange halten, bis ihn der gegnerische Innenspieler angreift.

b) Außenspieler haben begrenzte Ballkontakte bei einem Anspiel.

c) Die Innenspieler dürfen beide Außenspieler anspielen, keine festen Partner.

Zwei-Zonen-Ball

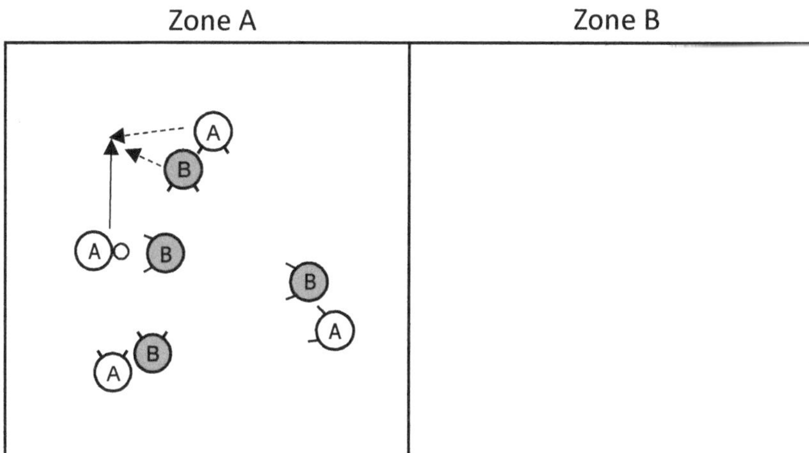

⚽ Team A versucht den Ball so lange wie möglich in der eigenen Reihe und in deren Zone A zu halten.

⚽ Erkämpft Team B den Ball, laufen die Spieler B sofort in deren Zone B und versuchen den Ball hier so lange wie möglich zu halten,

⚽ Spieler A verfolgen die Spieler B und versuchen den Ball wieder zurückzuholen,

⚽ ff.

Abwehrzone

⚽ Team A versucht den Ball so lange wie möglich in der Abwehrzone zu halten.

⚽ Erkämpft sich das Team B den Ball, versuchen diese sofort einen Torabschluss zu erzielen,

⚽ Team A versucht den Torabschluss zu verhindern (auch außerhalb der Abwehrzone), den Ball wieder in die Abwehrzone zu holen und erneut zu halten.

Tore

a) Hütchen (Ball durchspielen oder mit Ball durch das Hütchentor dribbeln)

b) Tore mit oder ohne Torhüter (Torabschluss)

c) Tore können von überall erzielt werden (außer beim Dribbling), also auch aus der Abwehrzone